RIEMANN
VERLAG

Johannes Bucej

Seelenruhe

Philosophisch zur inneren Mitte finden

RIEMANN
VERLAG

Bildnachweis:

S. 42 akg-images,
S.119 akg-images
S.141 akg-images/Hervé Champollion
S. 150 Aus: Wikimedia/Michel de Montaigne, Essais. Erste moderne Gesamtübersetzung von Hans Stilett, Frankfurt a. M.: Eichborn Verlag 1998, S. 1
S. 161 Mit freundlicher Genehmigung des Königsfurt-Urania Verlag, Krummwisch © 1971 U.S. Games Systems, Inc., Stamford, CT / USA und 1983 AG Müller, Neuhausen/Schweiz.
S. 174 © SARK www.PlanetSARK.com
S. 193 Aus: Wikimedia/www.luziusschneider.com/php/bsweg/deutsch/bswegd.php
S. 206 akg-images
S. 209 © Greser & Lenz
S. 225 picture alliance/United Archiv
S. 231 bpk Bildagentur für Kunst, Kultur und Geschichte/Scala

FSC www.fsc.org
MIX
Papier aus verantwortungsvollen Quellen
FSC® C014889

Verlagsgruppe Random House FSC® N001967
Das für dieses Buch verwendete FSC®-zertifizierte Papier
EOS liefert Salzer Papier, St. Pölten, Austria.

1. Auflage
Originalausgabe

in der Verlagsgruppe Random House GmbH
Lektorat: Ralf Lay, Mönchengladbach
Satz: EDV-Fotosatz Huber/Verlagsservice G. Pfeifer, Germering
Druck und Bindung: Friedrich Pustet, Regensburg
Printed in Germany
ISBN 978-3-570-50169-6
www.riemann-verlag.de

Inhalt

Heut mach ich mir kein Abendbrot, heut mach ich mir Gedanken[1]

Seelenruhe – ein altes, unmodisches Wort. Wer braucht so was heute noch? Ruhe ja, gelegentlich, aber Seele? Unrast, Hektik, Ungeduld – sind das nicht die leistungssteigernden Drogen heute? »Der Feind ist der Schlaf« war die Überschrift in einem Feuilletonartikel in der *Süddeutschen Zeitung* über »Kreativität«. Und nicht nur der Autor dieses Beitrags fragte sich angesichts der ständigen Selbstüberforderung der »kreativen Klasse«, wer eigentlich dann noch die Alltagsarbeiten verrichten soll, wenn alle sich dem Kreativitätszwang unterwerfen.

Problematisch ist ja nicht, dass die sogenannten Kreativen sich selbst Ziele stecken, die es zu erreichen gilt, sondern der Grad der Selbstausbeutung und des unermüdlichen Antriebs – Adornos Albtraum. Die kapitalistisch gewendete »Ressource Kreativität« ist nämlich nichts anderes als die Bemäntelung des ständigen Leistungsdrucks, gespeist von einer andauernden Unzufriedenheit und Unersättlichkeit. Und wer sich nicht zur »kreativen Klasse« zählt oder zu ihr gerechnet wird, optimiert sich zumindest selbst.

Dass unter diesen Bedingungen Ruhe, Seelenruhe zumal, als lästig, ja kontraproduktiv empfunden wird, verwundert kaum. »Schlafen kann ich, wenn ich tot bin« ist etwa so eine beliebte Formel der Aktionsfetischisten. Wer schläft, sündigt zwar nicht, aber er bringt auch sonst nichts zustande, soll das heißen. Das aber gilt eigentlich als *die* Sünde schlechthin. Natürlich stellt sich die Gegenfrage, ob etwa derjenige tatsächlich Bleibendes schafft, der ständig »auf Achse« ist, »am Rad dreht«, »auf Hochtouren läuft«. Und – ist Seelenruhe gleichbedeutend mit Schlaf? Oder mit »tätigem Nichtstun«? Oder nicht doch vielmehr Unerschütterlichkeit, eine Haltung, die ja durchaus mit einem aktiven, erfüllten Leben in eins gehen kann. Das Prädikat »demutsvoll«, mit dem Wilhelm Busch Seelenruhe in der »Frommen Helene« ironisch belegt *(»O wie lieblich sind die Schuhe/demutsvoller Seelenruhe«)*,[2] vermutet man nach der Tradition des Begriffs nicht unbedingt. Hier ist Seelenruhe vornehmlich mit Bedächtigkeit verknüpft. Wer seelenruhig agiert, handelt überlegt, ja, überlegen, nicht übereilt, kaltblütig, nicht heißblütig. Er ist »ganz bei sich selbst«.

Das führt zu der Frage, ob Seelenruhe als persönliches Ziel nicht egoistisch sei. Ist nicht vielmehr Engagement gefragt? Kampf gegen Ungerechtigkeit und Zumutungen, andauernde Bedrohungen? Ständige Verbesserung der Welt gemäß dem Marx'schen Diktum, dass die Philosophen die Welt nur verschieden interpretiert haben, es aber darauf ankomme, sie zu verändern?[3] – Drehen wir den Spieß um. Und fragen uns, ob dieser ständige »Kreativitätszwang« oder auch die fortdauernde Optimierung nicht einer tiefen Ablehnung der Welt entspringen. Immer alles verbessern wollen, sich nicht einverstanden erklären mit dem, was ist. Es dauernd besser zu wissen, was wirklich gut ist (für mich und für andere), was »angesagt« ist. Man sollte, es müsste doch … Aber tut uns und den anderen das auch gut? Im Grunde schwingt in der modernen Form »Kreativität« und Selbstoptimierung ein permanentes Beleidigtsein mit: Die Welt ist eine einzige Zumutung. Ich hab was Besseres verdient. Es geht ums Ganze. – Ja, aber von dem bin ich nur ein Teil, und was heißt das, wenn's »ums Ganze« geht? Geht es um alles oder um Ganzheit? Und gilt dann nicht der alte Satz von Aristoteles, dass das Ganze mehr ist als die Summe seiner Teile? Und im Umkehrschluss, dass jeder seinen Anteil an dem Ganzen hat, auch er an dem Mehr beteiligt ist, das sich auch in seiner Zugehörigkeit zum Ganzen ausdrückt? Das Ganze haben oder ganz werden – das scheint die Alternative zu sein. Seelenruhe kommt aus einer grundsätzlichen Bejahung der Welt beziehungsweise einer Zustimmung zu meinem In-dieser-Welt-Sein.

Die Welt bejahen – das hört sich verdächtig nach Schönfärberei und »positivem Denken« an. Aber es besteht ein Unterschied zwischen »bejahen« und »sich etwas zu eigen machen«. Das eine ist eine Frage der Perspektive, das andere eine Frage des Umgangs damit. Wir müssen nicht annehmen – wie Gottfried Wilhelm Leibniz –, dass wir in der »besten aller möglichen Welten« leben. Es genügt, »unseren Garten zu bestellen«, wie Voltaire am Ende seiner Satire *Candide* über Leibniz' Optimismus schreibt.

Der Welt – und das heißt hier vor allem: den anderen – zugestehen, dass sie das Recht haben, nicht so zu sein, wie wir es erwarten, dass wir selbst uns verändern dürfen, anders sein dürfen – und die anderen auch. »Du darfst dein Ändern leben.« Klingt schon mal anders als »Du musst dein Leben ändern« – leichter, beschwingter, befreiter, beruhigender. Ein Blick, der nicht voreilig urteilt, sondern lediglich fragt: Ist das jetzt angemessen für mich? Und aus einer Verneinung nicht den falschen Schluss zieht, dass das, was mir nicht angemessen scheint, auch nicht existieren, vorkommen, passieren darf. Ein solcher Umgang mit der Welt – und auch mit uns, die wir Teil von ihr sind – wäre tatsächlich »demutsvoll«. Und auch dieses »unmoderne« Wort, in dem nur scheinbar immer etwas Unterwürfiges, Kriecherisches mitschwingt, erführe dadurch eine Rehabilitierung. Demütig kann nämlich nur sein, wer ein gesundes Selbstwertgefühl hat.

Sich dafür zu entscheiden, auf diesem Weg aus dem ständigen »Auf und Ab« von Wunsch und Wirklichkeit, Frust und Lust herauszukommen, ist die Absicht dieses Buchs. Auf dem Weg zu unserer »inneren Mitte« werden wir – hoffentlich – immer befreiter und heiterer werden. Das Gespräch mit aktuellen Denkern und Denkern vergangener Epochen soll uns dabei helfen, diese Welt und uns als ihren Teil attraktiv zu finden. Anziehung statt Abstoßung. Eine Bestandsaufnahme im ersten Kapitel vornehmlich anhand von Seneca, ein paar lebenskluge Weisheiten als »Medizin« aus der Hausapotheke von

Dr. Epikur im zweiten Kapitel, die Bedeutung von Freundschaft und Selbstfreundschaft im Anschluss daran bilden den Einstieg. Und schon sind wir »mittendrin, statt nur dabei«. Im vierten Kapitel erlernen wir die spielerische Seite des gesunden Zweifels mit Montaigne und Schiller, um dann im letzten Kapitel »gelassen in die Ausgelassenheit« zu gelangen. Dazwischen gibt es Begegnungen mit anderen Dichtern und Denkern, die Lebenskluges auf den Punkt gebracht haben, von der Antike bis zur Moderne.

Ein paar Worte noch zur Konzentration auf abendländische Denktradition und Geschichte. Zum einen: Das »Abendland« ist nicht deckungsgleich mit dem modernen »Westen« oder dem, was wir politisch heute darunter verstehen. Es ist vielmehr jener Kulturraum des »alten Europa« mit seinen unmittelbaren Nachbarn in Nordafrika und dem Vorderen Orient, das vor einigen Jahren von einem wild gewordenen westlichen (!) Politiker mit diesem abfällig gemeinten Prädikat belegt wurde, der damals am liebsten auch den Rest der Welt zu seinem persönlichen Rumsfeld gemacht hätte. Es ist tatsächlich die Wiege der westlichen Zivilisation, wobei wir die Rolle, die der Islam im frühen Mittelalter für die Bewahrung und Überlieferung des antiken Erbes gespielt hat – zum Beispiel bei der Rezeption der Philosophie von Aristoteles –, nicht hoch genug einschätzen können.

Dass der Schwerpunkt unserer Überlegungen hierauf liegt, hat nichts mit einer Ablehnung der vielfältigen und bereichernden An- und Einsichten anderer Kulturen zu tun. Eher soll hiermit einer Blickverengung begegnet werden, der wir selbst immer gern unterliegen – nämlich dass »der Prophet im eigenen Lande« nichts gilt. Der leichtfertige Umgang, ja, die Ignoranz, mit der dem jahrtausendealten abendländischen geistigen Erbe in heutiger Zeit begegnet wird, die einseitige Verengung des modernen Bildungsbegriffs auf Effizienz und Verwertbarkeit, die dem Ursprung unseres Wortes »Schule« hohnspricht – »Schule« stammt vom griechischen *scholḗ* ab, was »Muße, das Innehalten (bei der Arbeit)« bedeutet –, macht es erforderlich, diese abendländische Tradition wieder in Erinnerung zu rufen, nicht ein vordergründiges und fruchtloses Gegeneinanderausspielen von Kulturen.

Das verbietet sich – zweitens – ohnehin, wenn wir die Ursprünge betrachten. Der Philosoph Karl Jaspers hat in seinem Werk *Vom Ursprung und Ziel der Geschichte*[4] für die Epoche vom 8. bis etwa 2. vorchristlichen Jahrhundert den Begriff »Achsenzeit« geprägt. Laut seiner Überzeugung haben in dieser Epoche in vier voneinander unabhängigen Kulturräumen bedeutende geistige und technische Umwälzungen stattgefunden, die bis heute nachwirken: China, Indien, der Orient mit Persien und Israel/Judäa und der Okzident.

In China, wo Konfuzius und Laotse wirkten, entstanden in dieser Epoche alle Richtungen der chinesischen Philosophie (»Zeit der Hundert Schulen«).

In Indien, das in der Zeit zwischen 500 und 300 v. Chr. von den Lehren Buddhas geprägt wurde, waren bereits mit den älteren Upanischaden 800–600 v. Chr. die Anfänge der Naturphilosophie und des Hinduismus entstanden.

In Israel brachten die biblischen Propheten mit ihren Weissagungen ein wesentliches Moment der geistigen Schöpfung der Achsenzeit hervor. Nach einem Diktum des Theologen und Professors für das Alte Testament Theodor Seidl sind sie keine Wahrsager, sondern »Wahrheitssager« und zuständig für die »ungeschminkte Wahrheit«, mit einem Scharfblick für gesellschaftliche Missstände und ihre desaströsen Konsequenzen ausgestattet. In Persien entwarf Zarathustra als Religionsstifter und Priester-Prophet das Weltbild des Kampfes zwischen Gut und Böse. Sie werden verkörpert durch den Schöpfergott Ahura Mazda und dessen Gegenspieler Ahriman. Dieser Dualismus und seine mannigfachen Spielarten wirkten bis in die Zeit der spätantiken und mittelalterlichen Gnosis und in der noch heute verbreiteten iranischen Religion des Zoroastrismus nach.

In Griechenland wurden im 8. Jahrhundert v. Chr. mit den homerischen Epen *Ilias* und *Odyssee*, den Naturphilosophen Thales, Anaximander und Anaximenes seit der ersten Hälfte des 6. Jahrhunderts v. Chr. sowie im 5. und 4. Jahrhundert v. Chr. durch Sokrates, Platon und Aristoteles die Grundlagen der heutigen europäisch-abendländischen Weltanschauung, Wissenschaft und Philosophie gelegt. Im antiken Griechenland entstand zudem, wenn auch nur weitgehend auf den Stadtstaat, die *pólis* Athen, beschränkt, eine Idee von Freiheit, die offenbar nirgendwo sonst in der damaligen Welt vorkam. Asiatischem Denken, insbesondere fernöstlichem, war und ist dieses Verständnis individueller und politischer Freiheit bis heute anscheinend fremd geblieben. Die Extreme zeigen sich etwa in der Adaption der westlichen Idee von »Demokratie«, die gerade in Südostasien nicht selten autoritäre Züge trägt, oder der jüngsten Diskussion um die provokanten Erziehungsthesen von Amy Chua[5], der *tiger mom*, die ihre Kinder in den USA mit »asiatischen Methoden«, mit Verboten, Demütigungen und Drill zu schulischen Spitzenleistungen antrieb und sich damit scharf vom westlichen Erziehungsstil abgrenzt. Dem liegt offenbar ein fundamental anderes Menschenbild zugrunde, das den Menschen und auch diese Welt als grundsätzlich minderwertig begreift und daraus den Schluss zieht, dass diese Welt und diese Existenz zu überwinden seien.

Diese Idee persönlicher und politischer Freiheit, über die Jahrhunderte und Jahrtausende weiterentwickelt, führte im Abendland zur Ansicht, dass Menschen Personen sind, deren Ziel die Entfaltung ihrer eigenen Persönlichkeit ist. Denn da öffnete sich plötzlich ein Horizont, der dem Menschen zeigte, über welche Möglichkeiten er tatsächlich verfügte, etwas, was zum Beispiel in dem kantischen Satz gipfeln sollte: *»Ein jedes Wesen, das nicht anders als unter der Idee der Freiheit handeln kann, ist eben darum in praktischer Rücksicht wirklich frei.«*[6] Da ist es dann völlig egal, ob moderne Hirnforscher wie Wolf Singer und Gerhard Roth, naturalistische

Philosophen wie Michael Pauen oder »Neuroexistenzialisten« wie Paul und Patricia Churchland Freiheit für eine Illusion halten. Wir begreifen uns als frei – und deshalb sind wir es. Menschliche Praxis ist mit der Beschreibung neurobiologischer Prozesse durch noch so exakte naturwissenschaftliche Methoden nicht aufzuheben. Wissenschaftler und Philosophen wie die obengenannten kommen daher grundsätzlich zu spät oder behandeln Fragen aus der Perspektive ihrer Disziplin, die sich auf ihrem Forschungsgebiet und mit ihren Methoden gar nicht stellen können. Und überhaupt stellt sich die Frage, wie sie dazu kamen, sich für ein derart deterministisches Weltbild zu *entscheiden.* Sollte dem aber keine Entscheidung zugrunde liegen, wäre ihr Statement erst recht für diese Thematik irrelevant. Denn mit ihnen könnten wir ja gar nicht in einen argumentativen Diskurs eintreten. Das Entscheidende ist also schon vorher passiert. Und nur im Westen konnte wohl jemand wie Friedrich Schiller in seinem Gedicht »Die Worte des Glaubens« schreiben: *»Der Mensch ist frei geschaffen, ist frei, und wär' er in Ketten geboren.«*[7]

Die Kehrseite der Medaille: Mit der Ruhe war es vorbei – denn wer vorgegebene Antworten nicht mehr akzeptieren muss, hat die Wahl –, er muss Entscheidungen treffen und hat damit Verantwortung für seine Wahl. Punkt.

Komplementär zu den politischen und philosophischen Einsichten entstand in Griechenland das Konzept der *paideía*, der ethischen und intellektuellen Bildung des Individuums, die hier nicht – wie etwa noch in Babylon oder dem alten Ägypten – wenigen Eingeweihten in esoterischen Zirkeln und Tempelschulen vorbehalten war, sondern allgemeines politisches Ziel wurde, nicht zuletzt, weil man erkannte, dass Freiheit und Persönlichkeit etwas sind, was geformt, gestaltet werden muss, nicht mehr »eliminiert« werden kann. *Paideía* ist eine »Erziehung zur Freiheit« im Unterschied zur Willkür.

Diese Entwicklung wurde in Rom durch Cicero und Seneca fortgesetzt. Cicero verband mit dem griechischen Konzept der *paideía* seinen Begriff der *humanitas*, mit dem er die geistige, insbesondere die literarische und ethische Bildung des Menschen charakterisiert. Dies sollte in der frühneuzeitlichen Epoche des »Humanismus« wiederaufleben. Sehr zugespitzt formuliert kann man den Unterschied zwischen okzidentalem und orientalischem und fernöstlichem Menschenbild an zwei Begriffen festmachen: Wertschätzung versus Geringschätzung. *Paideía* gegen Dressur beziehungsweise Unterwerfung. Weltbejahung versus Auslöschung der Existenz.

Das klingt allerdings so pauschalisierend, dass es einer Erläuterung bedarf. Doch geht es hier nicht um eine Bewertung, sondern eine Typenbeschreibung. Und diese Typisierung sollte auch nicht darüber hinwegtäuschen, dass es auch im Westen entsprechende Tendenzen gab und gibt, die sich – bezeichnenderweise – sowohl auf autoritärer als auch auf libertärer Seite finden und Ausdruck von Geringschätzung sind. Im ersten Fall ist es, wie bei der *tiger mom* beziehungsweise dem von ihr verkörperten und selbst so bezeichneten Typus der »chinesischen Mutter«, das Beleidigtsein über die Zumutung, mit unzureichendem Menschenmaterial behelligt zu werden, das durch rigorose Methoden geformt werden muss. Im zweiten Fall entspricht die Geringschätzung einfach einer Gleichgültigkeit – »Mach, was du willst; mir doch egal, was du tust oder was aus dir wird« – und einer daraus für das Individuum folgenreichen Versuchung zur Fehleinschätzung beziehungsweise Unter- oder Überschätzung seiner Möglichkeiten und Freiheiten. Seltsam und bezeichnend zugleich übrigens, dass Amy Chua ihren Töchtern mit asiatischen Methoden ausgerechnet westliche Bildungsgüter nahebringen will: Die Töchter müssen zum Beispiel Klavier und Geige üben, um sich die gesellschaftliche Anerkennung im Westen (!) zu sichern.

Demgegenüber wird hier – sozusagen als *basso continuo*, der die folgenden Kapitel durchzieht, aber thematisch nicht weiter in Erscheinung tritt – von der Wertschätzung des Menschen als Basis abendländischer Tradition ausgegangen, wozu auch die Einsicht gehört, dass Menschen Personen sind. Die personale Sicht auf den Menschen konnte nur in einem Umfeld erwachsen, in dem diese Wertschätzung grundlegend, wenngleich vielleicht nicht immer bewusst und präsent ist.

Grund genug also, sich wieder mit diesem Erbe vertraut zu machen. Zumal es auch Überschneidungen und Berührungen mit anderen östlichen Gedanken gibt, die oft übersehen oder unterschätzt werden: So begegnete Pyrrhon von Elis, der Alexander von Makedonien, den »Großen«[8], auf seinen Asien-Feldzügen begleitete, in Indien wohl Gurus und Asketen, die in ihm den Keim für seine skeptische Philosophie legten. Mehr als 2000 Jahre später wurden der Hinduismus und der Buddhismus für Arthur Schopenhauers Philosophie prägend. Nach seiner eigenen Aussage übten die *Upanischaden* neben Platon und Kant den stärksten Einfluss auf sein Denken aus. Das vedische *tat twam asi* (»Das bist du«) kann man indes zwar als komplementär zu der Inschrift *gnōthi seautón* (»Erkenne dich selbst«) des Apollotempels in Delphi verstehen, aber nicht zu der Aufforderung »Werde, der du bist« – warum auch, wenn das Ziel der Existenz Selbstauslöschung, Ausbruch aus dem Kreislauf der Wiedergeburten ist? Schopenhauer sah dies jedoch als die Basis jenes Prozesses an, der den individuellen Willen zum Willen des Ganzen transformiert. Konsequenterweise steht in Schopenhauers Ethik das Mitgefühl im Zentrum, das ihn allerdings auch nicht zu einer Wertschätzung des Daseins, der Welt und des Menschen überhaupt führt, eher zu einem Bedauern des Schicksals, dem der Mensch nach seiner Ansicht ausgesetzt ist. – Und heute ist es zum Beispiel Peter Sloterdijk, in dessen Philosophie buddhistische Elemente zu entdecken sind. Selbstüberwindung ist auch das Thema seines Buchs *Du mußt dein Leben ändern*.[9]

Also: Verhungern müssen wir geistig nicht, wenn wir uns auf die abendländischen Denker fokussieren und –

Wolfgang Neuss folgend – uns zwar kein Abendbrot, aber Gedanken machen, und zwar eigene. Die Tageszeit ist den Philosophen angemessen: der Abend. Denn nach G. W. F. Hegel beginnt die Eule der Minerva ihren Flug erst mit der einbrechenden Dämmerung.[10] Zwar sind mittlerweile auch Medien darauf gekommen, vor allem die öffentlich-rechtlichen, dass es doch ganz gut wäre, uns gelegentlich »precht-ig« zu unterhalten. Aber das geschieht ja zu nachtschlafender Zeit, wenn eigentlich die Verdauung schon in vollem Gange ist. Und zu einer zivilen Tages- oder Abendzeit sucht man geistige Anregung im Fernsehen meist vergebens oder findet sie besser versteckt als die Ostereier des Osterhasen bestenfalls in den Spartenkanälen.

Wie auch immer: Machen wir uns unsere Gedanken also und suchen wir uns auch die passenden Gesprächspartner dazu selbst aus. Vergessen wir dabei auch nicht Karl Marx' Forderung, dass die Philosophen die Welt verändern sollten. Doch mit dieser Veränderung beginnen wir – dem Rat Mahatma Gandhis folgend – am besten bei uns selbst.[11] Am nächsten Morgen und bitte erst nach einem ordentlichen Frühstück.

Jetzt aber erst mal Abendbrot – mit abendländischen Gedanken.

1

Die gepeinigte Seele

Langsam fällt die Tür ins Schloss. Ganz sachte, fast träge. Ein dumpfes, sattes »Klacks«, dann ist Ruhe. Jetzt bin ich allein mit mir. Stille umgibt mich – ein seltener Luxus. Aber was äußerlich Ruhe und Behaglichkeit verspricht, spiegelt sich nicht, noch nicht, in meinem Inneren wider. Da bin ich aufgewühlt, vibriere fast. Auch wenn ich aufatme – die Anspannung will nicht so schnell weichen. Und auch wenn sie abzuklingen scheint, merke ich an mir selbst, wie unruhig ich noch bin. Nein, das ist keine momentane Unruhe, es ist eher eine, die mein ständiger Begleiter zu sein scheint. Irgendwie befällt mich Müdigkeit, doch auch ein Nickerchen bringt keine Erholung. Das Gedankenkarussell im Kopf wird nur vorübergehend abgestellt.

Die letzten Tage haben mich etwas mitgenommen. War einfach zu viel los – *ich* hab mich mal wieder übernommen. Hier eine Verabredung, dort eine wichtige Besprechung, um unser Projekt voranzutreiben, eine Vorstandssitzung vom Verein, dann natürlich der tägliche Job – und abends auch noch unterwegs, schon um der Kontaktpflege willen, der Abgabetermin für einen Artikel rückte auch unerbittlich näher. Ach, einen Vortrag über Slow Food und Entschleunigung (sic!) hab ich auch noch vor ein paar Monaten übernommen … Der Termin kommt so plötzlich über mich wie Weihnachten. Man weiß es lange vorher und verfällt dennoch erst wenige Tage zuvor in hektische Betriebsamkeit. War ja auch ursprünglich noch sooo lange hin. Wochenenden vorausgeplant fürs nächste halbe Jahr … Gartenarbeit, eigentlich zur Erholung gedacht und mit Freude betrieben, passte gerade nicht – und musste doch erledigt werden. Widerwillig. Jetzt. Denn das Wetter war gerade günstig. Wer weiß, wann sich die nächste Gelegenheit dazu bietet?

Dass das nichts Ungewohntes ist, dass ich mit diesem Problem nicht allein bin, weiß ich natürlich. Es gibt einem ja auch ein gutes Gefühl, dieses »Gefragtsein«, diese ständige Präsenz. Sich in seiner »Wichtigkeit« bestätigt zu sehen kann schon sehr schmeichelhaft sein. Dummerweise ist das alles andere als erholsam – und auf Dauer lebensgefährlich. Wilhelm Busch hat das in seiner Gedichtsammlung *Kritik des Herzens* schon in seiner unnachahmlichen Art auf den Punkt gebracht:

Wirklich, er war unentbehrlich!
Überall, wo was geschah
Zu dem Wohle der Gemeinde,
Er war tätig, er war da.

Schützenfest, Kasinobälle,
Pferderennen, Preisgericht,
Liedertafel, Spritzenprobe,
Ohne ihn da ging es nicht.

Ohne ihn war nichts zu machen,
Keine Stunde *hatt' er frei.*
Gestern, als sie ihn begruben,
War er richtig auch dabei.[12]

So weit will ich's natürlich nicht kommen lassen. Da ziehe ich doch lieber mal rechtzeitig die Notbremse. Jetzt ist es still, erst einmal – und ich bin allein. Seit Längerem mal wieder. Wie sehr habe ich mich auf diese Tage gefreut, die jetzt vor mir liegen. Alles erledigt, nicht nur ich. Egal, was nun kommt, ich bin nicht erreichbar. Stattdessen will ich mich auf ein geistiges Abenteuer begeben: lesen.

Schon allein ein Zimmer mit einem Bücherregal – es muss ja nicht gleich eine ganze Bibliothek sein – übt eine beruhigende Wirkung auf mich aus. Ein Raum ohne Bücher sei wie ein Körper ohne Seele, soll Cicero gesagt haben. Jeder Band eine Einladung zum Gespräch. Zum inneren – nicht zur lautstarken Unterhaltung, wohlgemerkt.

Nicht, dass da Missverständnisse aufkommen. Ich lese täglich mehr als genug: Zeitungen, Internet, E-Mails, SMS … man entkommt der Information ja nicht. Aber ist das wirklich »lesen«? Oder ist es konsumieren? Informationskonsum? »Nachrichtenjunkie« hat mich mein Freund kürzlich genannt. Recht hat er. Von einer Seite zur anderen hüpfen, zappen wie beim TV, wieder was passiert in der Welt? Pling, schon wieder eine Mail oder SMS. Antwort schnellstmöglich erwartet. Oder ein »ultimatives Angebot«? Ja, ja – natürlich. Ich weiß, dafür bin ich selbst verantwortlich. Muss mich ja nicht antreiben lassen. Nicht mal ignorieren, hätte Karl Valentin geraten. Wenn's so einfach wäre. Jemand wie Albert Einstein konnte es sich noch erlauben, kein Telefon im Haus zu dulden. Wer ihn erreichen wollte, musste ihm schreiben oder eine Nachricht beim Nachbarn hinterlassen. – Was aber hätte er angesichts der heutigen Möglichkeiten, ja, Erfordernisse getan? Hätte er wirklich Internet, Handy, Fax, Twitter, E-Mail und so weiter abgelehnt, sie überhaupt ablehnen oder ignorieren können?

Natürlich suche auch ich gern die Ursache meiner Unruhe in »den Umständen« und weniger bei mir. Aber wahrscheinlich ist es doch eher eine Verbindung aus beidem, eine unglückselige, wie man so gern sagt. Und wie schwer es ist, das tatsächlich zu ändern, kann ich quasi minütlich erfahren. Es ist fast so etwas wie das Durchhalten einer Diät. Schlechte Gewohnheiten zu ändern ist eine Herkulesaufgabe. Und wie überall im Leben macht auch hier nur Übung den Meister.

Aber vorübergehend klinke ich mich jetzt tatsächlich aus. Ein veritables Buch muss es sein – nein, kein E-Book, kein Bildschirm, kein Display. So praktisch und technisch ausgefeilt sie sein mögen: Das sinnliche

Erlebnis, ein gebundenes Buch in Händen zu halten, nicht zu schwer, nicht zu leicht, vielleicht mit Leinenumschlag – das ist doch etwas ganz anderes. Ein Buch zu lesen gibt mir die Möglichkeit, selbst Bilder vor meinem geistigen Auge entstehen zu lassen, anstatt mir vorschreiben zu lassen, wie etwas Gedachtes auszusehen hat. Selbst etwas zu entwerfen, die Gedanken auf eine Reise zu schicken, den Blick schweifen zu lassen. Die Fantasie anzuregen. Reisen in jegliche Richtung, in die Vergangenheit, in die Zukunft ... und in der Gegenwart zu leben. Es ist wie die Unterredung mit einem guten Freund. Auch mit einem, der vielleicht gar nicht mehr existiert, der auf jeden Fall nicht leibhaftig anwesend ist. Und in der (zeitlichen oder räumlichen) Ferne so nah.

Ein inneres Zwiegespräch – eine Gelegenheit, die Seele baumeln zu lassen, wie es so schön heißt. Baumeln – was für ein Bild, ein sanftes Hin-und-her-Schwingen. Baumeln ist kein »Aufschaukeln«, eher das Gegenteil davon. Da pendelt sich etwas ein, kommt in sein Gleichgewicht, kommt zur Ruhe. Der Begriff »Seelenruhe« kommt mir in den Sinn. Ein altes, jedenfalls heute kein unbedingt mehr gebräuchliches Wort.

Es gibt solche Wörter, die allein dadurch, dass sie ausgesprochen werden, Welten eröffnen. Unbekannte vielleicht, jedenfalls welche, die einem mehr versprechen. Die fast etwas Tröstliches haben. Wie »Seelenruhe« eben. Liegt das an den beiden Bestandteilen des Wortes: »Seele« und »Ruhe«? Vielleicht daran, dass sie eigentlich unmodern sind? Nicht eher »Coolness«? Das klingt doch hip, lässig, locker, nicht so verkrampft oder verstaubt.

Aber das ist nur die eine Seite. Die Seite derer, die sich meist lautstark zu Wort melden – und wie der Vorlauteste auch meist gehört werden. Aber wenn wir schon beim Lautmalerischen sind: Ich jedenfalls merke, wie's mich bei dem Begriff »Coolness« zu frösteln beginnt.

»Seelenruhe« dagegen ist ein Wort, das an eine glückliche Zeit erinnert, in welcher dergleichen noch als erstrebenswert galt. Coolness, Lässigkeit, Gelassenheit – ja, die haben zurzeit Konjunktur. Aber »Seelenruhe«? Ohne gleich in Nostalgie für alte Zeiten und Sitten zu verfallen, worin ja immer auch ein Gutteil Verlogenheit steckt, wäre es doch möglich, dem Vergangenen wieder mehr Aufmerksamkeit zu schenken, ja Respekt entgegenzubringen; denn es ist doch bewahrte Erfahrung, ob individuell oder kollektiv. Respekt – vom lateinischen *respectare* beziehungsweise *respicere*, was eben auch »zurückblicken«, »berücksichtigen« heißt. Würdigen dessen, was vor mir war. Wer fängt schon »bei null« an? Rücksicht ist auch eine auf dem Rückzug begriffene Tugend, in Zeiten, in denen vor allem Ellbogen ein unverzichtbares Fortbewegungsmittel auf der Karriereleiter sind und »Respekt« allenfalls ein Schlachtruf von pubertierenden Halbstarken ist, eher unverschämte Einforderung als tatsächlich selbst geübte Tugend. Schlechte Zeiten also für derart überholt gehaltene Werte.

Auch der Begriff »Seelenruhe« krankt heutzutage anscheinend schon an seinen zwei Bestandteilen, allen

Trends zum Trotz, die gerade wieder mit »Gelassenheit«, »Achtsamkeit« und so weiter Konjunktur haben. Seele – neudeutsch Psyche –, das ist doch für uns Heutige zumeist bloß etwas, was therapiert gehört, damit man weiterhin funktioniert. Der despektierliche Begriff »Seelenklempner« für einen Therapeuten ist ja schon verräterisch genug. Als ob es um eine bloße Reparatur oder den Austausch eines Ersatzteils ginge: Modul raus, Modul rein – fertig. Wartung beendet. Dass der griechische Ursprung des Wortes »Therapie« nicht nur »Heilung«, sondern auch »Verehrung, Huldigung (des Göttlichen)« und »Pflege« bedeutet, ist in Vergessenheit geraten. Und Psyche, das war mal die vergöttlichte Geliebte des Amor. Sie teilt ein ähnliches Schicksal mit Dionysos respektive Bacchus beziehungsweise dem Wein, von dem José Ortega y Gasset einmal meinte, lange bevor er ein Verwaltungsproblem war, sei er ein Gott gewesen.

Was allerdings wesentlich erscheint: Eine Seele, die zur Ruhe kommen soll, muss auch gepflegt werden, zumal heute, da das Seelische in aller Regel missachtet wird. Erst malträtiert man die Seele, um sie hinterher dann wieder mühsam zu heilen.

Wir allerdings reden derweil lieber von Überforderung und vom »Burn-out«, wir achten kaum darauf, wie die Seele außerhalb dieses wesentlichen Lebensbereichs der Arbeit nicht nur von anderen, sondern auch von uns selbst misshandelt wird. Allein dadurch, dass wir ständig das Bedürfnis missachten, einmal innezuhalten. Wahrscheinlich, weil wir es kaum aushalten, mal still zu sein. Nicht nur stillzusitzen oder in seinem Zimmer zu bleiben, wie der französische Philosoph Blaise Pascal einmal meinte.[13]

Und Burn-out – das klingt so verdienstvoll, allein deshalb, weil man das Ausgebranntsein auf eine Leistung, eine Anstrengung, auf Arbeit zurückführen kann, so als bedürfe es einer Rechtfertigung, dass die Seele einmal Ruhe braucht. Immerhin hat man mal für etwas gebrannt – will sagen: war leidenschaftlich engagiert, energiegeladen, aktiv. Und jetzt sind halt die Batterien leer und müssen aufgeladen werden. – Wenn's so einfach wäre, würde ein ausgedehnter Urlaub genügen. Wer aber nur melancholisch ist oder depressiv, soll sich gefälligst mal zusammenreißen und was leisten, bevor er es sich erlauben darf, sich auf die faule Haut zu legen und sein Depressiönchen zu pflegen. *(Ironie aus.)* Und Ruhe ist so was von uncool, out, unproduktiv, dass sich höchstens Warmduscher oder *low performer* dafür interessieren, eben solche, die keine »Entscheider« sind. Ruhe gilt als ein Störfaktor für das Business, nicht etwa umgekehrt – obwohl der lateinische Begriff sinnigerweise genau den Gegenbegriff zu »Ruhe«, nämlich die Unruhe darstellt: *negotium* (»Geschäft, Handel«) gegen *otium* (»Muße«). »Ruhe« teilt mit »Seele« ein ähnliches Schicksal. Zwar werden »Downsizing«, »Slow Life«, »Entschleunigung«, »Work-Life-Balance« und so weiter als neue Notwendigkeiten der rastlosen Leistungsgesellschaft gepriesen. Aber steht deshalb eine »Renaissance der alten

Werte« bevor? Wenn man es genau betrachtet, kaum. Hinter diesen Begriffen steckt doch – wie der Wolf im Schafspelz – nur eine weitere Verzwecklichung. Und so verkommt das, was damit gemeint und erstrebt werden könnte, zur bloßen Attitüde.

Ist es daher nicht eher so, dass wir der Ruhe nicht trauen? Dass wir unruhig werden, wenn sie da ist? Ist das »die Ruhe vor dem Sturm«? Mithin der Vorbote erwarteten Unheils? »Trügerische Ruhe«? Ist die laute Geschäftigkeit, der wir nachgehen, letztlich das Voodoo, der Abwehrzauber, mit dem wir einen befürchteten Zusammenbruch noch aufhalten wollen? Es könnte sich als fauler Zauber erweisen.

Natürlich kennzeichnet den Begriff »Seelenruhe« auch eine bestimmte Ambivalenz. Thomas Strässle hat das am Begriff »Gelassenheit« illustriert.[14] Man kann in aller Seelenruhe natürlich auch das Verwerfliche, Falsche tun und/oder das Gute, Richtige, Angemessene unterlassen. Man kann gleichmütig oder gleichgültig sein und so weiter. Wenn Seelenruhe aber so erstrebenswert erscheint, dann muss das andere, tiefer gehende Gründe haben, die uns vorläufig davon entlasten, dieser Ambivalenz auch noch nachzugehen und damit das Unterfangen wieder fragwürdig werden zu lassen. Belassen wir es also vorerst dabei.

Aber es taucht noch eine weitere Unklarheit auf, denn: Seele, was ist das überhaupt? Ist das nicht auch zu einem Begriff ohne Bedeutung geworden? Fängt nicht schon hier das ganze »Elend« an? Mit dieser Unbestimmtheit?

Diesem schwammigen Begriff? Nun, halten wir uns nicht mit einer philosophischen Diskussion auf, die seit 2500 Jahren andauert, wenngleich sie an Aktualität nichts verloren hat. Hier ist nicht der Ort dafür. Wir gehen davon aus, dass diejenigen Weisen, die über »Seelenruhe« geschrieben haben, wussten, worüber sie schrieben, wie auch, dass es eine so allgemeine Definition gibt, dass man die Detailfragen (ob unsterblich oder nicht, materiell oder geistig, geschaffen oder ungeschaffen und so weiter) fürs Erste beiseitelassen kann. Als »Seele« soll hier die Gesamtheit aller geistigen und emotionalen Regungen und Vorgänge im Menschen bezeichnet werden. Das bedeutet auch, dass wir Fragen wie »Haben Tiere eine Seele?« hier nicht diskutieren, nicht, weil die Frage als solche belanglos wäre, sondern weil sie in den hiesigen Kontext einfach nicht passt. – Also, um es zu wiederholen: »Seele« bezeichnet hier ganz allgemein die Gesamtheit aller geistigen und emotionalen Regungen, Vermögen und Vorgänge im Menschen.

Nicht erörtern will ich auch, ob der Körper »ein Gefängnis der Seele«, ob und wie die Seele mit dem Körper verbunden oder ob sie vom Körper unabhängig ist und so fort. »Seele« ist zunächst einfach ein Sammelbegriff für das »vitale Prinzip«, sofern es nicht organisch und auch nicht rein geistig ist. Letzteres bezeichnen wir als »Intellekt«.

Diese Vorbemerkung erscheint mir wichtig, wenn wir uns nicht verzetteln wollen. Denn wie bei so einigen Begriffen (»Liebe«, »Glück« …) kommt man zu schnell

»vom Hölzchen aufs Stöckchen«, wenn man das Thema nicht eingrenzt.

Diese Seele also, das vitale Prinzip, soll ihre Ruhe finden – nicht ihre letzte, denn dann wäre es wohl tatsächlich zu spät. Aber doch diejenige, in der es uns erlaubt sein wird, das, was uns im Leben begegnet, nicht in einem kräftezehrenden »Auf und Ab« zu betrachten, sondern in einer Gemütsverfassung von Gleichmut und, ja, auch Gelassenheit, frei von quälenden, oft einander widersprechenden Wünschen und Ängsten. Worauf richten wir unseren Blick?

Auch wenn der Begriff momentan etwas wie aus der Zeit gefallen klingt – er hat natürlich eine Geschichte, eine abendländische zumal. Und hier werden wir als Erstes bei den alten griechischen Philosophen fündig. Deshalb wird es vorerst um die Anfänge in der abendländischen Antike gehen, natürlich nicht, ohne die Wirkungen in der Folgezeit und auch die Personen der Geistesgeschichte zu berücksichtigen, die sich auf sie bezogen, von Montaigne über die französischen Moralisten und Aufklärer bis Schopenhauer, Nietzsche und zeitgenössische Vertreter. Es handelt sich dabei aber keinesfalls um ein unreflektiertes Epigonentum, denn bei aller Sympathie für einzelne Vertreter und ihre Lehren sind auch hier einfaches »Nachbeten« und hemmungslose Übertragung auf unsere Situation dem Anliegen abträglich. Wir leben nicht mehr in der Antike, auch nicht im Mittelalter. Unsere Lebensumstände sind andere, die Herausforderungen, denen wir im Leben gegenüberstehen, nicht eins zu eins vergleichbar. Wir stehen auf den Schultern unserer Vorfahren, um gegebenenfalls auch weiter blicken zu können als sie, aber schauen müssen wir schon selbst.

Wie der Philosoph und Altphilologe Malte Hossenfelder feststellt, klingen manche Lebensregeln der antiken Philosophen zwar so, als könnten sie unverändert auch in die Satzung eines Spießervereins übernommen werden. Aber tut das ihrer Gültigkeit Abbruch? Ein kreativer, zeitgemäßer Umgang mit ihnen könnte die Alternative sein (siehe hierzu Kapitel 2), ganz im Sinne des Bonmots *»Tradition ist nicht die Bewahrung der Asche, sondern die Weitergabe des Feuers«*, das in unterschiedlichen Varianten verschiedenen Urhebern von Thomas Morus über Benjamin Franklin bis zu Gustav Mahler und Johannes XXIII. zugeschrieben wird. Bedauerlich, wenn die Flamme am Erlöschen oder bereits erloschen ist. In diesem Fall hilft nur der Rat des Münsteraner »Tatort«-Professors Börne: *»Tradition ist nicht die Bewahrung der Asche, sondern die Weitergabe der Streichhölzer.«* Ein solches Streichholz soll hier entzündet werden.

Philosophie – die »Liebe zur Weisheit« – fördert das Innehalten; das nachdenkliche Betrachten von Ereignissen, Verhältnissen, Gegebenheiten. Philosophie, so sah es zum Beispiel Epikur (341–270 v. Chr.), war vor allem dazu da, den Menschen vernünftige Einsichten für ihr Leben zu vermitteln und ihnen die Angst vor dem Ungewissen zu nehmen. Auch seine Beschäftigung mit Naturphilosophie beziehungsweise Kosmologie, für die er vor allem auf die Lehren Demokrits (460–370 v. Chr.) zurückgriff, diente einzig diesem Ziel des glücklichen Lebens. Seinen Brief an seinen Schüler Menoikeus beginnt er mit den Worten: »*Weder soll der Jüngling zögern zu philosophieren noch der Greis müde werden zu philosophieren; denn man ist weder je zu jung noch zu alt für die Gesundheit der Seele. Wer jedoch sagt, es sei entweder noch nicht Zeit zum Philosophieren oder die Zeit sei vorbei, der gleicht dem, der sagt, die Zeit zur Glückseligkeit sei entweder noch nicht oder nicht mehr da.*«[15]

Alles, was natürliche Ursachen hat, so seine Überzeugung, braucht nicht auf übernatürliche, uns schreckende Einflüsse zurückgeführt zu werden. Insofern war sein Programm eines mit aufklärerischen Zügen. Mit Epikur werden wir uns in der Folge noch ausführlicher und öfter befassen.

Die Epoche, die wir zum Beispiel »Antike« nennen, umfasst immerhin einen Zeitraum von etwa 1500 Jahren, manchmal auch etwas mehr oder weniger, aber hier geht es nicht um exakte wissenschaftliche Definitionen. Die Grenzen sind fließend. Jedenfalls zählt das Zeitalter des Hellenismus (ab dem Regierungsantritt Alexanders von Makedonien [336 v. Chr.] bis zur Schlacht bei Actium [31 v. Chr.]) und auch des Römischen Reichs dazu, in dem die geistigen Strömungen entstanden, die uns im Folgenden beispielhaft vor Augen führen, was mit »Seelenruhe« gemeint sein könnte und wie man sie erlangt. Inwiefern für uns ein Rückgriff auf diese Zeit und ihre geistigen Schöpfungen gewinnbringend sein könnte, ist unter anderem Gegenstand dieses Buches.

In diesem Zeitraum (des Hellenismus) nämlich, beginnend mit dem letzten Drittel des 4. vorchristlichen Jahrhunderts, ändert sich die Sicht auf Welt und Mensch entscheidend. Die Eroberungskriege Alexanders »des Großen« bedeuteten nicht nur das Ende der Selbstständigkeit der griechischen Stadtstaaten, sondern auch eine Hinwendung zum Individuum im Gegensatz zum Gemeinschaftsleben der *pólis*. Ein übersichtlicher Stadtstaat wie Athen oder Sparta hatte eine klar gegliederte, für jeden Einwohner ersichtliche Ordnung und Hierarchie, eine eigene Kultur und Autonomie, innerhalb deren die Aufgaben und auch die Teilhabe am Gemeinschaftsleben klar geregelt waren. Der Einzelne empfand sich als Teil dieser Struktur, mehr als bloß als Rädchen in einem Getriebe. Er wusste, auf ihn kam es in gewisser Weise auch an, an ihm lag es, zur Aufrechterhaltung dieser Ordnung beizutragen, hier, in diesem überschaubaren Raum, konnte er Anerkennung bei seinen Mitmenschen erreichen, Karriere machen, Erfolg haben. Diese Identität des Einzelnen musste sich in einem Reich auflösen, das vom Balkan über Kleinasien und Ägypten bis zum Indus reichte. Was interessierte einen Perser oder Ägypter, welche Leistungen jemand in Sparta oder Athen vollbracht hatte, wenn alle zum gleichen Reich gehörten? Die Suche nach dem Sinn des eigenen Lebens, die zuvor mit der Stellung innerhalb der überschaubaren Größe und Ordnung des Stadtstaates verbunden war, verlagerte sich so ins Innere der Persönlichkeit.

Hier sehe ich durchaus eine Parallele zur Gegenwart, indem als Antwort auf die »Globalisierung« die Betonung des Individualismus immer stärker in den Vordergrund tritt. Ist es so falsch zu vermuten, dass hierin eine der Wurzeln der Aktualität antiker Denker liegen könnte?

Ähnlichkeiten gibt es ebenfalls mit der Epoche des Humanismus und der Renaissance der beginnenden »Neuzeit«. Auch damals kam es – nach dem Ende der geistigen und weltlichen Hegemonie der mittelalterlichen Kirche in Europa – zu einem Aufbruch und der Entdeckung der »Neuen Welt«. Die Reformation tat ein Übriges, um die Abgeschlossenheit, ja Absolutheit dieses Systems aufzubrechen. Zeitgleich kam es zu bahnbrechenden Erkenntnissen und Entdeckungen (Kopernikus, Kepler, Galilei), Theorien (Giordano Bruno), die durch die Erfindung des Buchdrucks mit beweglichen Lettern auch den Kreis der bis dahin privilegierten Gelehrten an Universitäten und in Ordensschulen überschritten.

In all diesen Epochen ging es um die Neuausrichtung des Individuums zur Gesellschaft. Und zwar zu einer Zeit, in der sich starke gesellschaftliche Umbrüche vollzogen. Was gleich blieb, war der Wunsch des Einzelnen, nicht einfach im Meer der Allgemeinheit zu versinken, sondern als Individuum bestehen zu können.

So auch heute wieder – und das sogar in verschärfter Form, wie uns scheint. Leihen wir uns den Titel eines Songs von Tim Bendzko, um die Atemlosigkeit und die Gefahr der Verzettelung zu illustrieren. Nicht nur Hektik und die Beschleunigung des Alltagslebens machen uns das Leben schwer. Wir stehen vor gigantischen Herausforderungen. Heißt es. Jeden Tag aufs Neue. Finanzkrise, Klimawandel, Umweltkatastrophen, Energiewende, Sicherung (eher eine Entsicherung) der Sozialsysteme, Jugendarbeitslosigkeit, Kriegsherde im Nahen und Mittleren Osten (jedenfalls soweit sie von westlich-ökonomischem Interesse sind), Flüchtlingsströme und Asylsuchende, Terrorismus, ob religiös-fundamentalistisch oder politisch … Die Aufzählung ist nicht vollständig, braucht es nicht zu sein, die Atemlosigkeit ist auch schon so spürbar.

Herkulische Herausforderungen, die sich wie unbezwingbare Problemberge vor uns auftürmen. Ein Augiasstall ist ein heimeliges Puppenstübchen dagegen, die vielköpfige Hydra ein Kuscheltierchen – allein von den täglichen Nachrichten wird einem schwindelig. Man möchte die Decke über den Kopf ziehen und hoffen, dass alles ganz schnell vorbei sein wird.

Wir spüren aber, wie nervenaufreibend diese Dauerbeschallung ist. Wie sie unsere Kräfte aufzehrt. Selbst wenn wir gar nicht daran denken, subkutan ist dieser Krisenzustand dauerpräsent. Er beeinflusst unser Leben, unser

Wohlbefinden, auch wenn wir nicht unmittelbar davon betroffen zu sein scheinen. Das schlaucht – es saugt uns die Lebenskräfte aus wie ein Vampir. Aber wir dürfen nicht nachlassen. Auf jeden Einzelnen, auf alle zusammen kommt es an, wenn wir »nur noch kurz die Welt retten« wollen. Das wird uns jedenfalls täglich durch die Nachrichten vermittelt, ungefragt, ungebeten. Die Vorgaben dafür machen andere. Doch wir seien unverzichtbar in diesem Szenario, wird uns gesagt. Wirklich?

Als ob das noch nicht genug wäre – wir sind tagtäglich selbst und direkt mit persönlichen Herausforderungen konfrontiert, im Job, in der Familie, in der Freizeit. Können wir dem nicht entrinnen? Gibt es keinen Ausweg? Wer könnte ihn uns weisen?

Abschalten? Ja, für eine gewisse Zeit mag das funktionieren. Aber das mediale Bombardement geht doch ständig weiter. Und wenn es nicht über die Medien kommt, dann über die lieben Mitmenschen. (»Hast du schon gehört ...? Ich muss dir unbedingt erzählen ...«) Und auch dann, wenn das ausbleibt, geben wir selbst keine Ruhe. Wir flüchten uns in eine virtuelle Welt, in der wir wenigstens in unserer Vorstellung die Geschichte bestimmen können, in der wir »den Ton angeben«, entscheiden – »Gaming« ist das Zauberwort, das uns auch hier nicht zur Ruhe kommen lässt. Nicht etwa spielen, nein, auch hier Konkurrenz, Allmachtsfantasien – einmal der Herr des Geschehens sein.

Oder Angebote – ebenso wie Nachrichten erreichen uns ständig irgendwelche Kaufangebote, Dinge, die man unbedingt haben muss. Die letzte Gelegenheit. Sachen, die wir brauchen könnten – oder auch nicht. Sonderangebote allenthalben. Ein neuer, noch günstigerer Handytarif, das neueste Smartphone. Gut, sich davon zu distanzieren fällt noch am leichtesten. Dem kommerzialisierten Raum entkommt man aber weder online noch im realen Leben jemals vollständig. Man kann ja nicht andauernd mit geschlossenen Augen und verstopften Ohren durch die Gegend laufen, ohne dabei körperlichen Schaden zu nehmen.

Soeben wird man mal wieder gebeten, eine Online-Petition ganz dringend zu unterschreiben. Ist ja schnell erledigt. Klar, wir identifizieren uns mit dem dort geschilderten Problem, ob die Abholzung des Regenwaldes, die Unterdrückung und Ausbeutung in Ländern der sogenannten Dritten Welt oder, oder, oder. Man will ja kein Ignorant sein. Persönliche direkte Konsequenzen: keine – oder jedenfalls kaum spürbare. Es sei denn, man ist ins Visier von Geheimdiensten geraten, die sämtliche E-Mail- und sonstige elektronische Kommunikation scannen auf der Suche nach »Terroristen«. Wozu wahrscheinlich heute schon zählt, wer sich einer Antikriegspetition oder einem Aufruf gegen die Geschäftspraktiken von Monsanto oder Goldman Sachs anschließt. Aber selbst dann ist das Erschütternde weniger die zu befürchtende persönliche Konsequenz als die Paranoia der Datensammler. Auch hier macht die Haltung der Betroffenen nicht wenig aus, sich nicht über die Maßen, wenn überhaupt, aus der Ruhe bringen und sich ins Bockshorn jagen zu lassen. Nein, das soll keine Verharmlosung sein, aber eine Aufforderung zu einer realistischen Einschätzung, jedenfalls im Rahmen des Möglichen für den Einzelnen.

Zu allen Zeiten waren Menschen »stressigen« Situationen ausgesetzt. Vielleicht nicht so stark wie heute, wo uns die Medien tagtäglich, stündlich, minütlich mit Schreckensmeldungen aus allen Winkeln der Welt konfrontieren, wo (selbsternannte) Experten meinen, uns mit ihrem Wissen über »geheime Vorhaben« von Regierungen oder Wirtschaftskapitänen, Finanzjongleuren oder sonstigen »Leadern« beeindrucken zu müssen *(»Retten Sie Ihr Geld – das Ende des Euros naht«)*. Gerade wieder ist das E-Mail-Postfach voll mit solchen Spam-Mails. Und die Verbreitung war noch nie so einfach.

Welchen Ausweg kann man aus diesem Film finden? Zeitungen abbestellen, Handyvertrag kündigen? Keine E-Mails oder SMS mehr lesen beziehungsweise schreiben, die doch auch vorhandenen schönen und spannenden (und entspannenden) Seiten digitaler Unterhaltung diskreditieren oder ignorieren, sich aus den sogenannten Social Media ausloggen? – Was hat das alles eigentlich mit uns, mit jedem Einzelnen von uns zu tun? Müssen wir dieses kräftezehrende Spiel tagtäglich mitspielen? Oder auch nur über uns ergehen lassen? Denn eines ist ja auch klar: Selbst wer versucht, sich davon fernzuhalten, wendet eine Menge Energie auf. Es könnte ja doch etwas dran sein an diesen Meldungen. Wäre es nicht doch besser, die Warnungen ernst zu nehmen? Vorzusorgen für einen »Tag X«? Sich gefasst zu machen auf die großen oder kleinen Veränderungen? Sich auch zu üben in gewitzten Strategien, um die Herausforderungen des Alltags zu bestehen, im Letzten sich einzurichten auf den Weltuntergang?

Beruhigen Sie sich. Atmen Sie tief durch. Was immer an Katastrophen oder auch nur Beunruhigendem eintreffen mag, es liegt an Ihnen zu entscheiden, ob und in welchem Ausmaß es Ihr Leben beeinträchtigt, behaupte ich. Nicht, dass externe und auch extreme Ereignisse keine Auswirkungen hätten – sicher wird, wenn sie eintreten, niemand ganz ungeschoren davonkommen. Nur: Darauf zu warten und wie das Kaninchen auf die Schlange zu starren, bis sie dann endlich zupackt, ist alles andere als hilfreich. Es ist lebensverneinend. Das Rezept, um diesem Irrsinn zu begegnen, ist scheinbar altmodisch, ja naiv: Seelenruhe. Aber: Es klingt so vielversprechend. Dem will ich gern etwas nachspüren. Hier könnte der Schlüssel zu einem erfüllteren Leben liegen, nicht zu einem aufregenderen, dem ich ja gerade entkommen möchte.

Philosophen aller Zeitalter haben sich um Seelenruhe bemüht und den Weg dorthin beschrieben, im besten Falle sie selbst gelebt. Doch auch sie werden nicht mit dieser Tugend geboren worden sein. Auch sie haben Seelenruhe erst nach langen, heftigen inneren Kämpfen erlangt. Das »Aufsuchen der inneren Mitte«, wie man es auch nennen könnte, ist nichts, was sich in einem Kurs oder Seminar erlernen ließe. Es ist eine Haltung, die ich mir im Laufe der Zeit angewöhne, ja, erarbeite. Die Skeptiker, eine weitere Philosophenschule der Antike, meinten sogar, es sei eine Haltung, die sich einfach irgendwann von selbst einstelle, sofern man sich auf bestimmte Art und Weise verhalte. Was also ist sie, wie gelangt man zu ihr?

Eine erste Antwort hoffe ich bei Seneca zu finden. Seneca (circa 4 v. Chr. bis 65 n. Chr.) war ein Angehöriger des römischen Adels und hatte eine imposante Politkarriere hingelegt, war sogar Erzieher des späteren Kaisers Nero. Auf dessen Geheiß und mit etwas Nachhilfe der Prätorianergarde beging er im Jahr 65 Suizid. Eine übliche Methode damals, um unliebsame Zeitgenossen loszuwerden, ohne sich selbst die Hände schmutzig zu machen. Um die Würde des Delinquenten zu wahren, hieß es. Ähnlich verfuhren ja die osmanischen Sultane, die ihren Ministern bei entsprechenden Gelegenheiten eine seidene Schnur schickten, oder japanische Tennos, die ihnen gefährlich werdende Minister oder Generäle aus dem Weg räumen wollten, indem sie ihnen befahlen, sich ins Schwert zu stürzen. Eine »globale Methode« anscheinend.

Warum ich Ihnen das erzähle? Nun, Seneca fühlte sich verpflichtet, den Idealen der Stoa gemäß zu leben – und auch zu sterben, indem er sich die Pulsadern aufschnitt.

Das Ende des Weisen war Gegenstand vieler künstlerischer Darstellungen; unter anderen hat Peter Paul Ru-

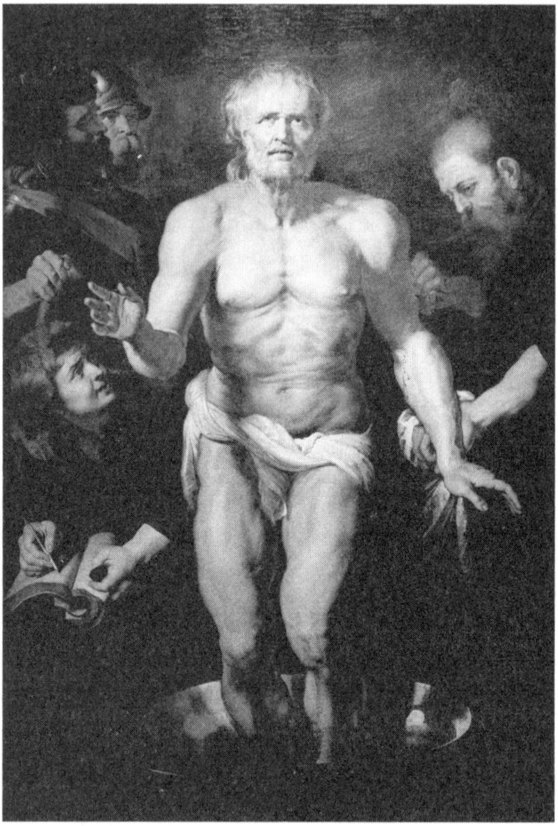

Peter Paul Rubens: Der sterbende Seneca

bens drastisch in einem Gemälde wiedergegeben, wie einer die stoische Ruhe auch angesichts des Todes bewahren kann: der sterbende Seneca, der, aufrecht in einer Wanne bis zu den Knöcheln im eigenen Blut stehend, bis zum Schluss seine Lehren verkündet.

Wie kann es zu solch einer extremen Situation kommen? Klar, wir kennen die Suizidfälle, die Menschen verüben, wenn sie verzweifelt sind oder wenn ihnen alles unerträglich geworden ist. Aber das war hier nicht der Fall. Er hatte dies schon länger erwartet. Dem »Freitod« Senecas lag vielmehr die Einstellung zugrunde, dass er sein Leben vollendet habe und dass jede Fortsetzung nur eine Verschlechterung sein könnte. Auch und gerade im Angesicht der Todesgefahr. Dann doch lieber selbst Hand an sich legen, als den Schächern Neros in die Hände zu fallen … Selbst seine geschätzt 300 Millionen Sesterzen[16] Vermögen hätten ihn davor nicht gerettet. Und Seneca hatte ja schon so einiges mitgemacht im Leben – unter anderem eine acht Jahre andauernde Verbannung nach Korsika.

Nun hat die stoische Lebensweise gottlob nicht immer diese tragischen Konsequenzen. Die Stoiker galten in der Antike als eine der angesehensten philosophischen Schulen überhaupt. Tatsächlich haben auch nur einige wenige wie Seneca diese Konsequenz gezogen, die anderen starben eines natürlichen Todes. In erster Linie ging es dabei aber auch nicht um das Sterben selbst, sondern um die Haltung, mit der man dieser Unausweichlichkeit gegenüberstand.

Allerdings soll dies kein weiterer Beitrag zu der langen Geschichte der Erörterungen sein, dass Philosophieren bedeute, sterben zu lernen (eine Ansicht, die übrigens auch Seneca in seinen diversen Schriften vertrat – und vor ihm noch zum Beispiel Sokrates und Cicero oder im

16. Jahrhundert Montaigne). Sondern eben ein Plädoyer für jene Geisteshaltung, die uns erlaubt, ein Leben in Gelassenheit und Ruhe zu führen, und zwar unabhängig davon, wann unser persönliches letztes Stündlein geschlagen haben wird.

Aber vielleicht ist es auch an der Zeit, einer philosophischen Lebenshaltung wieder mehr als nur historische Bedeutung zuzugestehen. Wer sich eine philosophische Haltung zum Leben aneignet, lebt besser, bewusster.

Philosophie, so verstanden, war in der Antike keine gelehrte Erörterung über abstrakte Themen, denen nur Experten gewachsen waren (wozu sie später werden sollte, für Außenstehende sozusagen die Übersetzung des Unbegreiflichen ins Unverständliche), sondern eine Lebensschule für jedermann. Und diese Epoche war reich an Lebensschulen, die sich mal institutionell, mal eher informell etabliert hatten. Da gab es etwa die Schule Epikurs, lange als »Konkurrenz« zur Stoa begriffen (tatsächlich stehen sich beide Geisteshaltungen näher, als man annimmt), die Kyniker mit ihrem bedeutendsten Vertreter Diogenes von Sinope (der »Philosoph im Fass« [etwa 405–320 v. Chr.]), die äußerste Bedürfnislosigkeit propagierten, die Vertreter der skeptischen Lebensweise, die versuchten, sich jeglichen Urteils zu enthalten und so Ruhe zu finden vor dem Zwang zu ständiger Entscheidung oder Wahl, oder die Kyrenaiker, die eine sehr direkte, rein sinnlich orientierte Lustlehre vertraten – und so weiter.

Natürlich darf man sich das nicht so vorstellen, dass nun ein Großteil der Bevölkerung in der griechischen

Welt und später im römischen Weltreich täglich philosophierend und disputierend durch die Gegend wanderte oder sich andauernd zu tiefschürfendem Gedankenaustausch traf. Aber Philosophie war eine Angelegenheit, die doch mehr Menschen beschäftigte als nur eine kleine gebildete und reiche Oberschicht, die dem Müßiggang frönen konnte. Ihre Sujets gingen jeden an. Und dementsprechend gab es neben den philosophischen Schulen und Lehreinrichtungen auch eine Reihe von Schriften, die in populärer Absicht verfasst wurden, die sich an Menschen richteten, die Hilfe für ihr persönliches Leben suchten – Ratgeberliteratur in der Antike sozusagen. Senecas Schriften gehören dazu.

Eines seiner berühmtesten Werke trägt den Titel *Über die Seelenruhe*. Ausgangspunkt ist der Hilferuf eines Freundes, der sich mit dem Namen Serenus vorstellt – ob fiktiv oder real, spielt hier keine Rolle. Einer jedenfalls, der sich selbst hinterfragt und nicht einfach den Umständen die Schuld an seiner Lage zuschreibt. Was ist es, so fragt er sich, was mich so hin und her gerissen sein lässt zwischen meinen widersprüchlichen Wünschen? Wie entkomme ich dieser kräftezehrenden Situation? Oder muss ich noch strenger mit mir sein? Mich mehr »zusammenreißen«?

Senecas Antwort an seinen Freund ist pädagogischer Art: Nein, du bist nicht krank, du hast dich nur noch nicht an deinen gesunden Zustand gewöhnt, ganz so, wie es einem Genesenden geht, den das kleinste Unwohlsein einen Rückfall fürchten lässt. Aber was du suchst, ist etwas sehr Erstrebenswertes: nämlich eigentlich das Ende des kräftezehrenden Hin-und-her-gerissen-Seins, weil man nie sicher ist, ob man sich auf dem richtigen Weg befindet. Und dieses Ende der Suche findest du in der »Seelenruhe«.

Auch hier wird klar: Seelenruhe ist nicht »Coolness«, selbst wenn der antike Begriff der »Ataraxie«, mit »Unerschütterlichkeit« übersetzt, Ähnliches nahelegt. Aber Ataraxie, die bei den Stoikern auch »Apathie« genannt wird, ist kein pathologischer Zustand, wenngleich die Teilnahmslosigkeit, die umgangssprachlich einen Stoiker auszeichnen soll (stoische Ruhe), dieses Unberührtsein vom eigenen und vom fremden Schicksal schon befremdlich ist und dem der Coolness recht nahezukommen scheint. Seelenruhe schließt Anteilnahme aber nicht aus, sondern ein. Seneca führt den Begriff der Seelenruhe *(tranquilitas animae)* allerdings noch nicht einmal auf »Ataraxie« oder Apathie, sondern auf »Euthymie« zurück, was man mit »Frohgemutsein« übersetzen kann. Er tut das nicht ohne den Hinweis, dass es darum geht, den Gehalt eines Begriffs in der Übersetzung zu treffen, und nicht, ihn bloß zu übertragen. Und ihm geht es um den *»gleichmäßigen und günstigen Lauf«*, damit die Seele *»mit sich selber einig sei, das Ihre freudig anschaue und diese Freude nicht unterbreche, sondern in ruhigem Zustand verharre, weder sich jemals überhebend noch niederdrückend«.*[17] Schon Demokrit hatte in ihr den Schlüssel zu einem erfüllten Leben gesehen: *»Am besten bekommt es dem Menschen, wenn er sein*

Leben so viel wie möglich in frohgemuter Gelassenheit zubringt und sich so wenig wie möglich missmutiger Stimmung überlässt.«[18] Wie wahr, aber das Wollen ist das eine, das Dorthingelangen das andere. Und selbst wenn man meint, man kenne den Weg dahin, ist nicht ausgeschlossen, dass es uns wie Eunuchen geht – sie wissen, wie's funktioniert, können's aber nicht. Oder war dies das erste abendländische Beispiel von »positivem Denken«? Allem die »guten Seiten« abgewinnen, auch, um sich nicht der Verzweiflung auszuliefern? *»Always look on the bright side of life …«* hieß das im Monty-Python-Film »Das Leben des Brian«. Von Seelenruhe verspreche ich mir allerdings mehr als den Blick durch die rosarote Brille, der »positives Denken«, das auch nichts anderes als Schönfärberei ist, kennzeichnet.

Seelenruhe ist allerdings auch nicht in eins zu setzen mit Muße. Letzteres ist ein Zustand. Ersteres ist eine Haltung, die auch das alltägliche Leben prägt, das ja nur noch selten Muße umfasst. Eine, die nicht dem Drängenden, das sich wichtigmacht, sondern dem wirklich Wichtigen den Vorrang gibt. Seelenruhe scheint so eher eine Haltung zu sein, die die Sicherheit ausstrahlt, in jeder Situation ohne Aufregung und Hektik das Richtige oder, besser, das Angemessene zu wählen oder zu tun, ohne die Wahl und ihre Konsequenzen zu fürchten. Dazu kann auch die Wahl des Nichtstuns oder auch des »Gewährenlassens«, Zulassens gehören. Sie ist mit der Besonnenheit verwandt, die neben Weisheit, Gerechtigkeit und Tapferkeit zu den klassischen vier Kardinaltugenden zählt. Überhaupt kann man viele Namen finden, die dem nahekommen, was Seelenruhe ist. Ob da im Einzelnen Nuancen, Bezüge oder Differenzen bestehen – mag sein. Ob Seelenruhe Besonnenheit, Ausgeglichenheit oder Gelassenheit ist oder alles zusammen: Klar ist, dass sie etwas Wünschenswertes ist. Menschen, die die Ruhe bewahren, sich nicht anstecken lassen von allgemeiner Unruhe, nicht in Panik ausbrechen, sind nicht nur selbst »ruhende Pole«; sie sind ebenso »Fels in der Brandung«. Sie strahlen Sicherheit aus, die auch auf andere beruhigend wirken kann.

Sich besinnen auf das, was wirklich wichtig ist, zu erwägen, was mir Ruhe bringt, mir Handlungsräume schafft – und zwar nicht nur vorübergehend, sondern als Dauerzustand –, ist das Ziel, sagt Seneca, ein sehr hehres. Damit ist Seelenruhe wesentlich, um mir meine persönliche Freiheit und Handlungsfähigkeit zu sichern. Das setzt allerdings voraus, dass Seelenruhe etwas ist, in dem man sich im Zustand des Wachseins befindet. Es ist also gerade keine Trägheit, keine Lethargie, Willensschwäche, sondern im Gegenteil: Willensstärke. Es ist keine Apathie im medizinischen Sinne, keine Teilnahmslosigkeit. Ein wichtiges Kennzeichen der Seelenruhe ist Aufmerksamkeit, Wachsamkeit, aber eben kein »Alarmismus«, auch kein ständiges Lauern oder gespanntes misstrauisches Abwarten, was als Nächstes wohl auf einen zukommen wird. Und auch, wenn man »gefasst« ist, vielleicht sogar »auf das Schlimmste«, heißt das nicht, es angstfrei zu erwarten. Allerdings –

und das steckt in dem griechischen Begriff *euthymía* oder »Frohgemutsein« im Gegensatz zur »Unerschütterlichkeit« (Ataraxie, Apathie) auch drin, stört diese Erwartung die Heiterkeit nicht. Und die ist mehr als deftiger, schenkelklopfender Humor. Trotz dieses dunklen Akzents, der mit »Aufmerksamkeit« und »Wachsamkeit« angedeutet ist, bleibt das Moment einer Leichtigkeit, die das Ergebnis einer Befreiung ist, nämlich der Befreiung vom Hin-und-her-gerissen-Sein, der Uneinigkeit mit sich selbst. Das also ist es, was Seneca seinem Freund wünscht und wozu er ihm verhelfen will – und weswegen er ihm auch dazu gratuliert, dass er das Wesentliche bereits erfasst hat.

Wie schön für Serenus, zu wissen, dass er auf dem richtigen Pfad ist. Aber wie weit sind wir selbst noch davon entfernt? Geht es uns nicht eher so, wie der antike Starautor das Schicksal der meisten beschreibt? Denn was nun an Beobachtungen folgt, an Schilderungen, wie Menschen sich um ihre Ruhe bringen, klingt nicht so, als sei dieser Text vor zweitausend Jahren geschrieben worden:

»Alle sind in derselben Situation, sowohl die, welche von Leichtfertigkeit gequält werden und Überdruss und ständigem Wechsel ihrer Ansicht, denen stets mehr gefällt, was sie aufgegeben haben, als auch jene, die träge und teilnahmslos sind. Füge hinzu die, welche nicht anders als die Schlaflosen sich hin und her wälzen und sich bald so, bald so legen, bis sie Ruhe vor lauter Erschöpfung finden: Durch den ständigen Wechsel ihrer Lebensverhältnisse verharren sie endlich in der Form, in der sie

nicht die Abneigung gegenüber Wechsel, sondern das Alter, zur Erneuerung zu träge, überrascht … Unzählig sodann sind die einzelnen Spielarten der Schwäche, aber es gibt nur eine Wirkung der Schwäche, mit sich selbst nicht einig zu sein. Das entsteht aus der Unausgeglichenheit der Seele und aus Wünschen, die zaghaft oder zu wenig erfolgreich (sind) … Zur Erfüllung ihrer Wünsche suchen sie auf jedem Wege zu gelangen … und sobald ohne Belohnung die Mühe bleibt, martert sie die vergebliche Schande, und nicht empfinden sie Schmerz darüber, Verkehrtes, sondern es vergeblich gewollt zu haben … Das alles ist noch drückender, sobald sie aus Hass auf mühseliges Unglück zu Muße sich flüchten und zu abgelegenen Studien, die zu ertragen nicht imstande ist die Seele – in die Politik strebend, tätig zu sein und willens und von Natur unruhig, zu wenig freilich Trost in sich habend. Daher – nimmt man den Genuss weg, den gerade die Vielgeschäftigkeit Menschen bei ihrem unsteten Verhalten gewährt, hält sie [die Seele] *das Haus, die Einsamkeit, die vier Wände nicht aus: voller Unwillen bemerkt sie, dass sie sich selber überlassen. Daher stammt jener Überdruss und das Missbehagen an sich selber und einer nirgends zur Ruhe kommenden Seele Unrast … eine Reise wird nach der anderen unternommen, und Schauspiele wechseln mit Schauspielen ab. So sagt Lucretius: Auf diese Weise flieht vor sich selbst ein jeder stets. – Aber was nützt es, wenn er sich nicht entkommt? Er verfolgt sich selber und setzt sich zu als äußerst lästiger Begleiter.«*[19]

So schaut's also aus – und Seneca bringt es auf den Punkt: Wir machen uns selbst das Leben zur Hölle – und noch perfider: Wir entkommen uns nicht. Die Hölle, das sind nicht die anderen, wie Jean-Paul Sartre (1905–1980) meinte, sondern wir selbst.

Man braucht nicht viel Vorstellungsvermögen, um in diesem Text die heutige Situation zu erkennen und zu sehen, dass sich zumindest in dieser Hinsicht der Mensch nicht geändert, dass er kaum dazugelernt hat. Erschütternd? Vielleicht. Aber nicht nur. Denn andererseits bedeutet das auch, dass die Antworten, die Weise vor Jahrhunderten oder Jahrtausenden gegeben haben, für uns auch noch von Bedeutung sein können. Was damals galt, kann, wenn sich nur äußere Bedingungen geändert haben, nicht so falsch sein, wenn es vor allem unser Innerstes betrifft.

Das ständige Beanspruchtwerden und Sich-in-Anspruch-nehmen-Lassen scheint eine Zeit(geist)krankheit zu sein. Sie wird nicht zuletzt durch die Anforderung – und auch bloß das Angebot – dauernder Präsenz befördert. Eine E-Mail oder eine SMS erst am nächsten Tag zu beantworten gilt schon als sträfliche Missachtung des Absenders. Einer Aufforderung nicht sofort nachzukommen gilt als Arbeitsverweigerung oder Beleidigung, die Verzögerung einer Arbeit als Misserfolg. Gönnt man sich gar den Luxus der Abwesenheit in einem sogenannten Social Network, kann man schon als »soziophobisch« gelten. So geschehen, als »Experten« sich mal wieder über einen Amokläufer in den USA äußerten.

Weil er keinen Facebook-Eintrag hatte, war er sogleich verdächtigt worden, ein Soziopath zu sein. So weit ist es also schon. Rückzug als Stigma. Epikur und seine Nachfolger mit ihrem Motto »Lebe im Verborgenen« wären wohl diesem Urteil auch nicht entkommen. Dass vielleicht ganz andere Gründe zu seinem Handeln geführt haben könnten, scheint in einer Gesellschaft, in der das »Recht auf Privatsphäre« mehr und mehr infrage gestellt wird, unvorstellbar zu sein.

Geht es also darum, sich im Leben zu üben, ja, überhaupt mal wieder heimisch zu werden im eigenen Leben, dann bietet unsere Zeit eigentlich die denkbar schlechtesten Voraussetzungen, da alles Private mehr und mehr öffentlich wird. Auch hier liegt eine Verwechslung vor: Der Drang zur Öffentlichkeit ist dabei eher ein Exhibitionismus, der sich in Form der modern gewordenen Forderung nach »Transparenz« auch noch moralisch geriert. Denn bei aller Berechtigung der Ansicht, dass selbstverständlich alles, was alle angeht, auch allen bekannt sein soll, möchte der Durchschnittsmensch (zu dem ich mich auch zähle) doch nicht die Befriedigung seiner privaten, privatesten oder gar intimen Bedürfnisse in der Öffentlichkeit beob- oder begutachtet finden. Nicht jeder ist ein Diogenes, der ungeniert auf dem Markt von Athen masturbierte und, von Mitbürgern empört zurechtgewiesen, nur ungerührt meinte, es sei schade, dass man den Hunger nicht auch einfach durch Reiben des Bauches vertreiben könne. Die Aufhebung des Privaten wird mehr und mehr sichtbar beziehungsweise verursacht durch die Dominanz des »Marktes«, der zum Surrogat von Öffentlichkeit geworden ist und zu dem seine Haut zu tragen man gezwungen ist.

Wie soll man unter diesen Voraussetzungen zur Ruhe finden können, Seelenruhe zumal? Doch nirgendwo steht geschrieben, dass Seelenruhe einfach zu haben sei. Es ist Arbeit. Arbeit an sich selbst. Arbeit, die teilweise widersprüchlich anmutet: Unbeirrtheit einerseits, Mut zum Zweifel andererseits. Selbstsicherheit erstreben, sich den Ansprüchen des Mainstreams widersetzen und Ungewissheit aushalten. Das »Schiff des Selbst« durch die Stürme der Existenz zu navigieren (um es etwas pathetisch auszudrücken), aber Abweichungen als unumgänglich zu akzeptieren. Auch wenn es heute schwieriger denn je ist, diesen Rückzug anzutreten, unmöglich ist es nicht.

Doch die Ideologie der »Leistung aus Leidenschaft« macht natürlich auch vor diesem Bedürfnis des Menschen nach innerer Ruhe nicht halt. Dabei sind selbst die verführerischen Angebote, die eine moderne Unternehmensführung ihren Mitarbeitern offeriert (von Sport oder Entspannung während der Arbeitszeit über firmeneigene Kinderkrippen und -gärten bis zu Wellness-Angeboten und weiteren Dienst*leistung*en auf dem Firmengelände), nichts weiter als ein Versuch, die Mitarbeiter an ihren Arbeitsplatz zu binden und erst gar nicht auf die Idee kommen zu lassen, sie könnten außerhalb ihres Jobs noch ein anderes Bedürfnis oder sogar eine andere, private Welt haben, die ihrem Zugriff entzogen ist. Die

Grenzen verschwimmen zu lassen gehört dabei zur Strategie.

Und schon gibt es die ersten Coaching-Agenturen, die auch die Seelenruhe wieder den Gesetzen des Marktes unterwerfen wollen. Da werden dann insbesondere Führungskräfte auf Seminare geschickt, Abteilungen oder gar ganze Firmen mit entsprechenden mehrwöchigen Schulungen überzogen. Schließlich ist »der Faktor Mensch« das »wichtigste Kapital«. Sprache kann auch hier wieder sehr verräterisch sein. Nach angeblich »flachen Hierarchien« und Anstrengungen um eine »Work-Life-Balance« macht man jetzt »auf Achtsamkeit« und banalisiert ähnlich wie beim Modebegriff »Nachhaltigkeit« das eigentliche Anliegen. Eine wunderbare Methode übrigens, das »Gefahrenpotenzial« zu entschärfen, das im Ansinnen »Seelenruhe« steckt. Schließlich kann es ja nicht angehen, dass das gleichwohl kostenintensive »Humankapital« nicht genügend Ertrag abwirft.

Ob allerdings eine Krankenschwester, ein Fernfahrer oder eine Kassiererin aus dem Supermarkt jemals in den Genuss dieses »Luxus« eines Achtsamkeits- oder Gelassenheitsseminars auf Arbeitgeberkosten kommen würden, darf bezweifelt werden. Dabei werden sie Seelenruhe und Muße mindestens ebenso nötig haben wie der gestresste, topdotierte Manager.

So wie Muße in der antiken Gesellschaft das Vorrecht des »Freien« war, der die alltäglichen Verrichtungen seinen Sklaven übertrug, so verlässt sich der heutige *high performer* oder gestresste »Entscheider« darauf, dass die Sozialsysteme, dass Schulen, ärztliche Versorgung und so weiter ohne sein Dazutun funktionieren, dass genügend »Humankapital« dafür vorhanden ist, zwar unterbezahlt und überfordert, aber immerhin vorhanden. Wofür hat man schließlich den Staat? Schließlich hat man selbst Wichtigeres zu tun. Und damit das alles nach Wunsch funktioniert, zahlt er natürlich auch – zwar mehr oder weniger gern, aber das wird als unvermeidbar akzeptiert (sieht man einmal ab von den »schwarzen Schafen«, den Steuerhinterziehern). Und wenn alle Stricke reißen, die eigenen privilegierten Sprösslinge nicht adäquat – oder sogar mit Kindern aus der »Unterschicht« zusammen – betreut werden, wird man schon dafür sorgen, dass die lieben Kleinen das bekommen, was ihnen zusteht. Dass der moderne Leistungsmensch dabei schlechter wegkommt als der freie Bürger der Antike, fällt ihm, von seiner eigenen Wichtigkeit überzeugt, überhaupt nicht auf, denn nicht mal Muße kann er sich gönnen. Und auf dem Golfplatz trifft man sich – richtig – mit Geschäftspartnern. Cocktailpartys und andere gesellige Zusammenkünfte dienen der Ausweitung der Kampfzone um die besten Voraussetzungen für den nächsten Deal oder Karriereschritt, nicht etwa dem entspannten Treffen von Freunden oder Kollegen.

Das alles ist mehr als anstrengend. Nicht umsonst sprießen Konzepte zum »Downsizing«, zur »Work-Life-Balance«, zum »Simplifying«, zum »Slow Life« aus dem Boden wie Pilze nach einem Sommerregen. Warum erreichen sie uns nicht? Warum gelingen sie so selten?

Die Vermutung liegt nahe: weil sie nur an der Oberfläche kratzen. Denn was soll richtig daran sein, das Falsche lediglich langsamer zu tun? Es gibt kein richtiges Leben im falschen, wusste schon Theodor W. Adorno (1903–1968): eine Sentenz, die inzwischen Kaffeetassen, Glückwunschkarten oder Gedenktafeln ziert und sich verselbstständigt hat. Aber spricht das gegen sie?

Der Satz ist der Abschluss eines Aphorismus über das »Asyl für Obdachlose« in Adornos Schrift *Minima Moralia*, die zwischen 1944 und 1947 unter dem Eindruck des faschistischen Terrors in Europa im amerikanischen Exil entstand, und beschreibt die Schwierigkeiten, sich in der modernen Zeit häuslich einzurichten. Er ist eine Kritik am Ganzen und erhebt den Anspruch, trotzdem im Partikularen richtig leben zu wollen. In einer früheren Fassung lautete der Satz allerdings: »Es lässt sich privat nicht mehr richtig leben.« Es ist der Seufzer eines Heimatlosen.

Adorno selbst hat später die Wucht der bekannten Sentenz gemildert und in seiner Vorlesung »Probleme der Moralphilosophie« bemerkt, man müsse stets so zu leben bemüht sein, *»wie man in einer befreiten Welt glaubt leben zu sollen, gleichsam durch die Form der eigenen Existenz, mit all den unvermeidbaren Widersprüchen und Konflikten, die das nach sich zieht, versuchen, die Existenzform vorwegzunehmen, die die eigentlich richtige wäre«.*[20]

Der Umgang mit dem (eigenen) Leben ist eine Grundfrage der Philosophie – von Anfang an. Gern wird darauf verwiesen, dass ein gutes Leben nicht einfach nur ein

»Dahinvegetieren«, sondern eine Kunst sei. Das bedeutet, dass Leben gestaltet werden muss, dass es nicht einfach so dahin- und eigentlich an mir vorbeifließt. Wobei »im Fluss« zu sein erst einmal positiv klingt. Aber würde ich es überhaupt merken, wenn das nicht der Fall wäre, würde ich *mich* überhaupt wahrnehmen? Sich treiben zu lassen zeugt nicht gerade von Selbstbestimmung. Was, wenn das, was ich suche, nicht in der Strömungsrichtung, sondern ihr entgegen liegt? Wenn die Kraftquelle »Seelenruhe« entgegen den Erwartungen anderer liegt? Im Einklang zu sein mit sich und der Welt – ja. Aber das setzt eine Entscheidung voraus, aktive Zustimmung, nicht passives oder gar resigniertes Geschehenlassen. Und wer zu den Quellen will, muss gegen den Strom schwimmen.

Das bedeutet natürlich auch, dass ich es selbst übernehmen muss, denn auch wenn gilt, dass es »kein richtiges Leben im falschen« gibt, so gilt noch mehr: Es gibt kein eigenes Leben im fremden. Das aber ist das Übliche. Wer daran zweifelt, braucht ja nur einmal alltäglichen Gesprächen unter seinen Mitmenschen zuzuhören – oder sich selbst zu befragen, wonach er sein Leben ausrichtet. Wie oft werden wir feststellen, dass wir eher »gelebt werden«, als selbst zu leben? Wir erfüllen die Erwartungen anderer, wir bemühen uns um Anerkennung durch Anbiederung, aber nicht dadurch, dass wir etwas tun, was wir aus vollem Herzen heraus und selbstbestimmt tun, sondern weil es – wie uns gesagt wird – unsere Pflicht ist oder wir es auch selbst so empfinden.

Der Eifer, mit dem wir uns in die Arbeit stürzen, wendet sich aber bald gegen uns:

Ein Mensch sagt – und ist stolz darauf –,
Er geh', in seinen Pflichten auf.
Bald aber, nicht mehr ganz so munter,
Geht er in seinen Pflichten unter.[21]

Da wird der ungeliebte Job nicht nur jahrelang durchgezogen, man wehrt sich nicht gegen Überlastungen, ist froh, überhaupt eine Arbeit zu haben, gebraucht zu werden, man schleppt sich krank ins Büro aus Angst vor Sanktionen und übernimmt noch mehr Aufgaben, weil man Eindruck schinden möchte. Da wird eine Beziehung aufrechterhalten, die ihren Zenit längst überschritten hat, nur weil man das Scheitern sich und anderen nicht eingestehen will – wie im Fall der über neunzigjährigen Eheleute, die auf die Frage, warum sie sich jetzt noch scheiden lassen wollen, antworten: »Wir wollten warten, bis die Kinder unter der Erde sind.« Oder harmloser: Wir stimmen einer Meinung zu, weil wir die Sympathie eines Menschen nicht verlieren wollen oder nicht den Mut zu einer eigenen Meinung haben.

Diese Ehrlichkeit gilt allerdings schon vielen als eine Zumutung. Immer wieder erstaunlich ist, wie selbst intelligente Zeitgenossen sich nach anderen richten und dies tatsächlich als ihr Eigenes ansehen.

Solange die Konsequenzen, die aus dieser Einsicht gezogen werden, nur den Fragenden selbst betreffen, mag es noch angehen. Problematisch wird es, wenn die Folgen auch Dritte zu spüren bekommen: Partner, Kinder, Verwandte, Freunde, Kollegen … Kann ich mich so einfach zum Nachdenken, zur Selbstreflexion zurückziehen, schlicht fünf gerade sein lassen? Das, was eben noch galt, einfach mal eben infrage stellen? Nur weil im Moment das »richtige Leben im falschen« erscheint und sein Recht fordert? Es wird nicht ausbleiben, dass das Selbst bei seinem Bemühen, zur Seelenruhe zu finden, Konflikten begegnet. Partner, Familie, Freunde, Arbeitskollegen werden sich fragen, was in einen gefahren ist. Werde ich es schaffen, mich diesem Druck zu widersetzen?

Die Vorstellung, dass etwas anders sein könnte, als es ist, ist der erste Schritt zur Veränderung hin zum »richtigen Leben« im falschen oder zum eigenen Leben. Nicht selten bleibt es allerdings dabei.

Was ist erforderlich, damit die Seele ihre Ruhe finden kann?

Vor allem zwei große philosophische Schulen, die auch ungefähr zur gleichen Zeit entstanden, nämlich zu Beginn des 3. vorchristlichen Jahrhunderts, versuchten in der hellenistischen und römischen Epoche hierauf zu antworten: die Schule der Stoiker, gegründet von Zenon von Kition (334–262 v. Chr.), und die Schule Epikurs.

So unterschiedlich die Herangehensweisen sind, im Ergebnis stehen sich Stoiker und Epikureer wie gesagt recht nahe. Für beide geht es darum, die eigenen Kräfte bestmöglich einzusetzen, mit ihnen hauszuhalten. Denn beide lehrten: Das Leben ist begrenzt, auch die Seele ist nicht unsterblich, auch wenn sie bei den Stoikern die physische Existenz überdauert, bei den Epikureern sich im Tod einfach auflöst.

Für die Stoiker waren die Erkenntnis und Akzeptanz einer natürlichen Ordnung im Kosmos und die individuelle Einordnung darin der Königsweg zur Seelenruhe, die Epikureer sahen in der Erfüllung der natürlichen Bedürfnisse den sicheren Hafen, in dem sie zur Ruhe kamen. Die Suche nach Glück, die die Kräfte des Menschen in der Regel lebenslang beansprucht, und zwar ohne Garantie auf Erfolg, kann in der Einübung dieser Einsicht ihr Ziel finden. Gerade die Ungewissheit nämlich, ob die gesteckten Ziele auch tatsächlich erreicht werden, was andererseits passiert, wenn wir sie verfehlen und so weiter, erweist sich als großer Störfaktor für menschliches Glück. Die übliche Reaktion ist eine hektische Suche nach dem Mittel, dieser Ungewissheit abzuhelfen, der ständige Wechsel oder die Resignation.

Erschöpfung ist daher heutzutage eher das Thema, Müdigkeit. Sie ist der Preis, den wir für die Rastlosigkeit unseres Lebens zahlen. Und für die dauernde Berieselung durch das Krisengerede. Können wir uns überhaupt dagegen wehren? Und kann da ein scheinbar antiquiertes Verhalten wie »Seelenruhe« überhaupt hilfreich sein? Als dieser Begriff aufkam, waren die Lebensumstände, die Gegebenheiten, doch ganz andere, mit der Komplexität und den Anforderungen der Moderne überhaupt nicht vergleichbar.

Wir erkennen jedoch sehr wohl, dass uns diese »Kultur der Rastlosigkeit« in immer unsicherere Verhältnisse führt. Neben einer unbestreitbaren Verbesserung unserer Lebensbedingungen droht die Unrast unser Leben beziehungsweise das, was wir als »wirklich leben« bezeichnen können, zu verhindern, ja, zum Verschwinden zu bringen.

Sicher, wer will die Zustände vor der industriellen Revolution romantisch verklären? Wer will Zeiten hoher Kindersterblichkeit, Jahrhunderte von relativer Immobilität, niedriger Lebenserwartung und Hungerkrisen wirklich zurückhaben, weil er einem romantisierenden Begriff der »guten alten Zeit« anhängt?

Die Errungenschaften der Moderne sind nur zu einem bestimmten Preis zu haben, gewiss. Aber muss das bedeuten, dass wir bereit sein müssen, jeden Preis zu zahlen? Dass wir ein Leben »unter Wert« leben müssen? Dass wir uns deshalb zu Tode hetzen müssen? Dass wir immer wieder von Neuem Druck aufbauen müssen, um »voranzukommen«? Ist die Devise »Wachse oder weiche« alternativlos? Nein, natürlich nicht. Auch wenn uns das immer wieder weisgemacht werden soll.

Wir suchen Heilung und Befreiung im Äußeren, selten suchen wir die Ursache für all diese Unruhe in uns selbst. Und auch wenn wir sie aufgespürt haben, hindert uns manches daran, sie zu beseitigen. Die Anforderungen nehmen ständig zu, wir werden durch anderes abgelenkt, wir erliegen den Verlockungen des Neuen, Unbekannten, der Versuchung des Erfolgs, dem Erwartungsdruck. Sich dem zu widersetzen erfordert Mut. Und es kostet auch noch zusätzlich Kraft. Zunächst einmal. Doch diese Anstrengung könnte sich lohnen. Weil dahinter ein unerschöpfliches Kraftzentrum liegt.

Sich durch nichts erschüttern lassen, Gleichmut, Ruhe bewahren – das galt in alten Zeiten als höchst erstrebenswert. Allen Ereignissen zum Trotz, die auch damals die Menschen in ihren Bann schlugen. Schicksalsschläge wie Krankheit, Armut oder Tod naher Angehöriger haben die Menschen zu allen Epochen getroffen. Und das wird auch trotz allen Fortschritts in der Moderne so bleiben.

In der »großen Politik«, ob im Tagesgeschäft oder in Wahlperioden, werden – zurzeit jedenfalls – nicht die sogenannten großen Entwürfe das sein, was unser alltägliches Leben hier und heute unmittelbar beeinflussen wird. Bis deren Konsequenzen für uns Heutige spürbar und relevant werden (könnten), haben sich die Bedingungen wieder so verändert, dass die nächste Reform ansteht – und so geht das immer weiter. Das heißt natürlich nicht, dass wir unsere Bemühungen einstellen sollen, bestehende oder bevorstehende Probleme zu lösen. Nur: Zum einen sollten wir uns bewusst sein, nicht den Stein der Weisen finden zu können, mit dem wir sämtliche Fragen unserer Existenz lösen (und selbst dann gälte vermutlich Mephistopheles' boshafter Ausspruch aus Faust II: *»Wenn sie den Stein der Weisen hätten/Der Weise mangelte dem Stein«*[22]). Auch unser Leben geht derweil weiter, und wer gehofft hat, ihm werde die Sorge für das eigene Leben abgenommen, wird sich getäuscht sehen. Unsere Lebenszeit droht durch ständigen »Reformismus« und Delegation an andere ungenutzt zu verfließen. Wofür? Und vor allem: wirklich so, dass wir sagen können, diese Zeit habe uns genutzt oder wir hätten die Zeit genutzt? Das dürfte mit einiger Wahrscheinlichkeit nicht der Fall sein. Auch wenn es ein paar Ausnahmen geben mag. Senecas Mahnung, es sei nicht wenig Zeit, die wir haben, sondern viel Zeit, die wir nicht nutzen, hat nach wie vor Gültigkeit.[23]

Wie also damit umgehen? Mitmachen? Aufgeben und einfach mitlaufen? Auf die Gefahr hin, selbst »unter die Räder« zu kommen? Sich sagen: Auf mich kommt's nicht an? Das wäre fatal.

Wer ist der »Experte« in Ihrem Leben?

Eine große deutsche Bank warb Anfang des Jahrtausends mit dem Spruch: »Leben Sie, wir kümmern uns um die Details.« Verführerisch, nicht wahr? Nur haben die meisten, die diesem Motto Glauben schenkten, wohl übersehen (oder ignoriert), dass genau in diesen Details der Teufel steckt … Das Leben besteht aus ihnen – und deshalb kann die Antwort darauf nur lauten: »Nein, danke. Ich kümmere mich selbst darum.« Sicher, das ist mühsam, das ist lästige Kleinarbeit. Und muss ich wirklich alles selbst machen? Das vielleicht nicht, aber im Auge behalten muss ich es, wenn ich keine böse Überraschung erleben möchte. Die Verantwortung für mein Leben lässt sich nicht so einfach delegieren. Und viel hätte man sich erspart, wenn man sich erst gar nicht auf bestimmte Angebote eingelassen hätte. Brauche ich das, was mir da feilgeboten wird, wirklich? Wie beeinflusst es mein Leben? Was verlangt es von mir? Ist Verzicht Verlust? Oder vielleicht doch Gewinn? Vielleicht im Hinblick auf ein viel größeres Gut? – Was sich bedenklich nach reinem Kalkül anhört, kann sich als der Einstieg zum Ausstieg erweisen. Zum Ausstieg aus dem Hamsterrad, das – so wird man nicht müde, uns zu versichern – notwendig ist, um die Dinge am Laufen zu halten.

Ist Seelenruhe also Sabotage? So ganz von der Hand zu weisen ist dieser Gedanke nicht. Zumindest streut sie, siehe oben, Sand ins Getriebe der selbstverständlich gewordenen Zumutungen, als da wären: die ständige Anforderung zur Präsenz, die permanente Beeinträchtigung, ja Belästigung durch Werbung, die andauernde Einmischung in private Belange, aber auch die ständige Bereitschaft meinerseits, mich verführen zu lassen zu einem Leben, das mir durch andere scheinbar leichter gemacht wird, indem mir Entscheidungen, vor allem unangenehme, abgenommen werden.

Ach, und so soll ich zur Seelenruhe kommen? – Mooooment! Ich hab Ihnen nie einen Rosengarten versprochen. Der Seele die Ruhe geben, selbst zum »ruhenden Pol« in meinem Leben zu werden, ist keine Aufgabe nach dem Motto »In wenigen Schritten zur Gelassenheit«. Das wäre ungefähr so seriös wie »Zehn Pfund Gewichtsverlust in zwei Wochen« oder »Verdoppeln Sie über Nacht Ihr Geld durch die richtige Aktie«. Natürlich, auf unsere Ungeduld und mangelnde Ausdauer, auf unsere Gier nach Glück oder zumindest mehr Lebensqualität – darauf bauen die Verkäufer (inklusive Urheber) dieser Rezepte, Ratschläge und Mittelchen. Aber ich will Ihnen hier nichts verkaufen. Ich mache Ihnen ja noch nicht mal ein Angebot, das Sie womöglich noch nicht mal ausschlagen können. Ob und welche Konsequenzen Sie für Ihr Leben aus dem ziehen, was ich hier skizziere und zusammentrage, ist allein Ihre Entscheidung.

Eine besonders raffinierte Konsequenz, die Verantwortung für unsere Entscheidungen zu übernehmen – und auch die Entscheidungen wieder selbst zu treffen, sich um die Details zu kümmern –, ist schlicht, dass ich mich selbst beschränke. Und damit wäre schon viel gewonnen. Wir wären mit einem Mal viel zurückhaltender. Wählerischer. Bedachter. Also geht es nur um eine »neue Bescheidenheit«? Ist das der Clou der Seelenruhe? Es mag zunächst so scheinen; tatsächlich ist die erfreulichere Konsequenz eine ganz andere: Ich erlange wieder Autonomie und Souveränität über mein Leben – und: Ich tue es vor allem selbst, bevor es mir von anderen genommen oder aufgezwungen wird. Seelenruhe ist ein Plädoyer für eine neue Übersichtlichkeit im Leben, die uns verlorengegangen ist, für eine »Entrümpelung«, auch für klare Grenzen. Und Grenzziehungen sind hoheitliche Akte. Erinnern wir uns daran, dass eine der größten Verführungen darin besteht, die Grenzen zwischen Privatheit und Öffentlichkeit, zwischen Arbeit und Freizeit und so weiter verschwimmen zu lassen oder ganz aufzuheben. Grenzenlosigkeit ist Gestaltlosigkeit, Konturlosigkeit – und je mehr ich mich davon einnehmen lasse, desto eher verschwinde ich und andere mit mir.

Selbstbegrenzung ist sozusagen Freiheit in ihrer negativen Form. Und doch kann es anders wohl keine Freiheit geben denn als begrenzte. Wer gelernt hat, die Grenzlinien selbst zu ziehen, ist im wahrsten Sinne des Wortes »autonom«, also selbstbestimmt. Müssen sie ihm erst von anderen gezogen werden (was bei Kindern und Heranwachsenden selbstverständlich ist als Vorstufe zu einem selbstbestimmten Leben, bei Erwachsenen dafür umso schmerzlicher), kann man dies mit einigem Recht das Gegenteil, fremdbestimmt, also heteronom nennen. Selbstbegrenzung ist allerdings nicht identisch mit »vorauseilendem Gehorsam«.

Die Macht dieser Selbstbegrenzung für die Bewahrung der persönlichen Autonomie hat auch Ivan Illich (1926–2002) erkannt und thematisiert.[24] Das ist sein Thema, wenn er – in gesellschaftspolitischer Hinsicht – zum Beispiel die »Expertokratie« kritisiert.

Momentan läuft es allerdings genau andersherum – sprich: in die falsche Richtung. Wir delegieren unsere Entscheidungen an Experten in der Hoffnung, dass sie uns reich und glücklich machen. Wir entmündigen uns quasi ständig selbst oder lassen diese Entmündigung mehr und mehr zu, weil wir glauben, uns durch dieses

Delegieren von Kompetenzen mehr Freiraum zu verschaffen. – Auch so glauben wir, wieder mehr Übersicht zu erhalten. Seltsamerweise werden wir dadurch aber nicht freier. Im Gegenteil: Unsere Freiheit beschränkt sich dann auf die nächste Kaufentscheidung oder (natürlich zu bezahlende) Inanspruchnahme einer Dienstleistung, denn zu mehr sind wir nach dieser Selbstaufgabe nicht mehr fähig. Freiheit? Fortschritt? Nie lag der Abgrund näher …

Dass die Vielzahl der Angebote inzwischen unüberschaubar ist, dass uns die Wahl überfordert, ganz abgesehen davon, dass wir Dienst nur noch unter dem Aspekt der »Leistung« zu betrachten in der Lage sind, verstärkt unsere Unruhe. Dumm, wenn wir da auf Dauer nicht mithalten können, weil uns die Puste (zum Beispiel das Geld, die Zeit, die Energie) ausgeht.

Pikant: Natürlich spüren wir, dass daran etwas faul ist, dass trotz allem die Seele unruhig bleibt – oder gerade deshalb? Ruhe soll die Seele finden, indem sie sich nicht mehr zwischen mindestens zwei Extremen aufreiben muss. Indem sie sich entscheidet – und zwar nicht aus einer momentanen Laune heraus, sondern weil sie sich sicher ist, dass das Pendel in die richtige Richtung ausschlägt, dass die Nadel in die richtige Richtung weist. Und das kann – Überraschung! – auch ganz anders ausschauen als die Entscheidung für eine von zwei Alternativen.

Was fehlt, ist ein Kompass, etwas, was uns eine Richtung anzeigt, zu einem Ausweg, der vielleicht auch ein

Ausstieg ist, dorthin, wo wir Hilfe, ja vielleicht sogar so etwas wie »Erlösung«, um ein weiteres altmodisches Wort einzuführen, finden können.

Machen wir uns also auf den Weg. Zuvor treffen wir allerdings noch ein paar Reisevorbereitungen.

2

Zu Risiken und Nebenwirkungen fragen Sie …
oder
Die »vierfache Medizin« des Epikur zur Seelenruhe

»Nach Diktat verreist …«, so enden manche Briefe, die Sekretärinnen erst schreiben, dann abschicken müssen, um zu dokumentieren, dass der Absender keine direkte Korrespondenz wünscht. Ob Ausrede oder Tatsache – was auf den ersten Blick nach Flucht aussieht, kann auch einfach mal ein »Machtwort« sein. Eine Besinnung auf sich selbst, die der Betreffende jetzt einfach mal in Anspruch nimmt – siehe eingangs Kapitel 1.

Im ersten Kapitel haben wir »assoziativ« auf Wegen und Umwegen, vielleicht ein wenig verschlungen, den Begriff der »Seelenruhe« erkundet. Sie sind vielleicht vor lauter Bezügen und Verweisen etwas aus der Spur geraten und fragen sich jetzt, wo's eigentlich langgehen soll. In diesem Kapitel verspreche ich Ihnen eine deutliche Beruhigung.

Vielleicht fragen Sie sich aber auch, was diese Einbettung in historische Zusammenhänge, in Gesellschaftskritik, Konsumkritik und so weiter bei einem Thema wie

»Seelenruhe« zu suchen hat. Denn hier geht es doch eigentlich um ein sehr persönliches Anliegen, also eher etwas, was das Individuum, nicht aber eine Gesellschaft betrifft.

Nun, niemand ist eine Insel. Und auch wenn das Bemühen um Seelenruhe ein sehr individuelles ist, so kann es doch von Vorteil sein, sich bewusst zu machen, in welcher Situation man sich gegenwärtig befindet, wo wir uns »verorten«.

Klar, diese Situationsbeschreibung ist ihrerseits sehr subjektiv geprägt, doch wird sie wirklich so grundlegend anders bei allen sein? Anders gesagt: Die »Unruheherde«, die wir in Kapitel 1 identifiziert haben, sind – mal mehr, mal weniger – überall und für jeden die gleichen. Erinnern wir uns dabei an das Wort des spätantiken Stoikers Epiktet (etwa 55–135): *»Nicht die Tatsachen selbst beunruhigen die Menschen, sondern die Meinungen darüber.«*[25] Es gilt heute mehr denn je. Wenn Sie's nicht glauben, machen Sie die Probe aufs Exempel. Oder wenn Sie die Erfahrung am eigenen Leib nicht zu kennen glauben, denken Sie an die »Geschichte mit dem Hammer« in Paul Watzlawicks Buch *Anleitung zum Unglücklichsein*[26]. Dies ist eine literarische Ausgestaltung der Einsicht von Epiktet. Sie zeigt allerdings auch, um wie viel verwickelter die Dinge eigentlich sind, vor allem, wenn man sie keiner Realitätsprüfung unterzieht. Wie viel Unruhe alle diese inneren Auseinandersetzungen und Kämpfe verursachen, wie viel Unheil Unterstellungen und Vermutungen seit jeher angerichtet haben, wollen wir uns hier gar nicht ausmalen. Nur dies dazu: Eine ganze Reihe von Problemen rührt genau daher, sich nicht wenigstens zu fragen, wie wahrscheinlich das ist, was wir glauben oder vermuten.

Genaues Hinschauen – und die kritische Prüfung, ob das, was wir annehmen, wirklich zutrifft oder ob es auch andere Erklärungen gibt oder geben könnte – kann viel Unruhe und Unheil verhindern. Nicht, ob wir nicht alles wissen oder wissen können, ist dabei das Problem, sondern dass wir glauben, wir wüssten genug oder wir wüssten etwas ganz sicher, um ein Urteil abzugeben – und vielleicht daraus auch noch drastische Konsequenzen zu ziehen. Und auch das gilt es zu bedenken: Wie oft *wollen* wir das, was wir glauben, wirklich glauben? Wie sehr das ins Auge gehen kann, hat zum Beispiel die »Massenvernichtungswaffenlüge« gezeigt, die als Rechtfertigung für den zweiten Irakkrieg herhalten musste.

Was wir benötigen, um die Reise anzutreten, die uns zur Seelenruhe führt, ist eine Art Kompass. Ein Kompass hindert uns nicht, gegebenenfalls auch Umwege zu gehen oder gehen zu müssen. Er gibt uns nur eine Orientierung. Ob wir dahin wollen, wohin wir gehen, müssen wir selbst entscheiden – und vor allem müssen wir wissen, in welcher Richtung das liegt, was wir suchen. Nur wir sind es, die die Entscheidung treffen, welche Richtung wir einschlagen wollen.

Dabei werden wir aber feststellen, dass der Kompass, den wir auf unserer »Reise zu unserer inneren Mitte« mitnehmen, ständig auf uns selbst verweisen wird. Die

Kraftquelle, die die Kompassnadel ausrichtet, liegt also in uns. Darin sind sich so ziemlich alle philosophischen Schulen und Lehrer, die uns zur Seelenruhe führen wollen, einig. Also, nur Mut, die Reise anzutreten, auch wenn der Tiefenpsychologe C. G. Jung (1875–1961) einmal meinte, es sei leichter, zum Mars vorzudringen als zu sich selbst.

Bei jenem »Kompass« handelt es sich um eine Formel, die der schon mehrfach genannte Epikur seinen Schülern an die Hand gab: *»Keinen Schrecken mehr erregt der Gott, keine Angst der Tod, das Gute ist leicht zu beschaffen, das Beschwerliche leicht zu ertragen.«*[27] Das klingt zu einfach und zu schön, um selbstverständlich zu sein. Und manches klingt für moderne Ohren auch einfach ungewohnt: Was soll das heißen: »Keinen Schrecken mehr erregt der Gott« – in einer Zeit, in der das Göttliche ohnehin unwichtig geworden ist? Oder anders: wo wir uns anschicken, selbst an die Stelle des Gottes zu treten, mit dem Anspruch, das Machbare auch wirklich umzusetzen, die Grenzen der Natur immer mal wieder zu überschreiten. Und, ja, wie soll das gehen, keine Angst vor dem Tod zu haben? Gerade wir empfinden doch den Tod als eine Zumutung. Oder wie es ein Freund kürzlich formulierte: »Der Tod ist echt das Allerletzte.« Jedenfalls für den, der sich vom Leben noch einiges erwartet. Ein unheilbar Kranker oder ein vom Schicksal Gebeutelter wird das vielleicht anders sehen. Dass »das Gute leicht zu beschaffen« sei, ist noch am ehesten einsichtig, auch wenn jeder von uns von Schwierigkeiten weiß, seine Ziele zu erreichen, seine Wünsche zu erfüllen. Für manche klingt aber auch das wie Zynismus, gerade dann, wenn sie das Notwendigste entbehren müssen. Nur, als Epikur dies schrieb, gab es weder ein Überbevölkerungsproblem noch permanent globale Hungerkatastrophen. Und dies sind auch nicht unlösbare Probleme. Doch das nur nebenbei.

Aber dass »das Beschwerliche leicht zu ertragen« sei, grenzt wohl doch an die Illusion des »positiven Denkens«, mithin an Selbstbetrug. »Typisch Philosoph!«, ist man versucht zu denken. »Macht sich die Welt, wie sie ihm gefällt.« Nun, wir werden sehen.

Inwiefern könnte dieses Rezept aus der Apotheke von Dr. Epikur uns zur Seelenruhe verhelfen? Die Vermutung, dass der Philosoph bereits vor 2300 Jahren eine Art »Psychotechnik« entwickelt hat, wurde schon öfter geäußert. Beweise dafür gibt es bisher nicht, was unter anderem daran liegt, dass uns nur sehr wenig von dem erhalten geblieben ist, was Epikur, der ein ausgesprochener Vielschreiber gewesen sein soll, verfasst hat. Vielleicht aber auch daran, dass Philosophie (oder besser: Philosophieren) als etwas Umfassenderes gesehen wurde als nur eine weitere Wellnessmethode nach dem Motto »Philosophier dich fit«. Denn die Berichte über sein Leben und seine Lehre sowie seine Art des Zusammenlebens mit seinen Anhängern lassen darauf schließen, dass es um mehr als bloße Belehrung und vor allem nicht um Philosophie als L'art pour l'art ging, wenn auch mit einer ganz pragmatischen Ausrichtung, nämlich zu einem gelungenen Leben beizutragen. Gesprächstherapie in der Antike – so könnte man das Programm nennen, mal in der Gruppe, mal im Einzelgespräch. Dazu trug auch bei, dass es feste Regeln für das Zusammenleben gab: Feste, die gefeiert wurden, Zeiten, in denen gemeinsam gegessen wurde, und so weiter. Das stieß schon damals auf Befremden, vor allem weil bestimmte Regeln, die Epikur seiner Gemeinschaft gab, doch sehr den Eindruck umfassender Kontrolle und von Gruppendruck erwecken. So legte der Gründer der Schule des »Gartens«, wie die Schule Epikurs genannt wurde, etwa fest, dass monatlich nach seinem Ableben ein Gedenktag eingelegt werden müsse, und er forderte seine Anhänger auf, so zu handeln, als ob Epikur es beobachte. Seltsame Forderungen für jemanden, der ohnehin nicht an die Unsterblichkeit der Seele glaubte und alles daransetzte, diesen Glauben bei seinen Mitmenschen zu erschüttern.

Ebenso erstaunlich für diese Zeit war insbesondere die Zusammensetzung der Schule. Anders als bei anderen Philosophenschulen gehörten von Anfang an hier auch Frauen und sogar Sklaven und »Metöken« (wir würden heute von »Menschen mit Migrationshintergrund« sprechen) als vollwertige Mitglieder zur Gemeinschaft des »Gartens«, wie diese Schule genannt wurde – unerhört für die damalige Zeit.

Die relative Geschlossenheit der Schule führte auch durch die Jahrhunderte dazu, dass kaum weiteres nennenswertes Schrifttum der Schule entstand – der Meister hatte ja alles vorbildlich aufgezeichnet. Offenbar wurde das Ganze nicht unähnlich einer Ordensregel gesehen. Aus dem 1. vorchristlichen Jahrhundert ist als wichtige Quelle der römische Dichter Lukrez (circa 97–55 v. Chr.) zu nennen – Seneca hat ihn in seiner Schrift über die Seelenruhe zitiert[28] –, der sein Lehrgedicht »De rerum natura« (»Über die Natur der Dinge«) als eine Hommage an Epikurs Naturlehre, Kosmologie und Ethik verstand.

Kann uns so etwas heute noch in irgendeiner Weise helfen? In einer Epoche, in der Individualismus doch über allem steht, in der auf Autoritäten eher gepfiffen wird und jeder suspekt ist, der sich einem solchen Regiment unterzieht? Seltsamerweise werden solche Fragen nicht gestellt, wenn man sich sonstigen, viel strengeren Regeln unterwirft, sei es in der Arbeitswelt, sei es in der Freizeit oder in der persönlichen Lebensführung. Was also soll ein Satz wie dieser den Menschen helfen: *»Keinen Schrecken mehr erregt der Gott, keine Angst der Tod, das Gute ist leicht zu beschaffen, das Beschwerliche leicht zu ertragen«*? Versuchen wir, uns diesem Satz schrittweise anzunähern.

Keinen Schrecken mehr erregt der Gott

Heutigentags scheint dieser Ratschlag des Epikur bei den meisten eher ein müdes Lächeln hervorzubringen. Gott – wer interessiert sich denn noch dafür? Höchstens ein paar bigotte, selbstgerechte religiöse Fundamentalisten, die ihre eigenen Gewaltfantasien nicht nur auf persönliche Schicksale projizieren, sondern auch auf ganze Gesellschaften oder Völker, die zum Beispiel von Naturkatastrophen heimgesucht werden, faseln noch von einem »Gottesgericht« wie bei der Sintflut oder dem Untergang der Städte Sodom und Gomorrha. Oder sie warnen vor einer Strafe, die »der Herr« senden wird, und rufen zur »Umkehr« und »Unterwerfung unter die göttliche Ordnung« auf. Oder jene Gemeingefährlichen, die in ihrem religiösen oder ideologischen Wahn die Welt terrorisieren.

Nein, um Religion soll es hier nicht gehen. Und auch nicht um die Frage, ob es einen Gott gibt oder nicht. Aber die Funktion dieser Sentenz darf man schon hinterfragen – und da zeigt sich ganz schnell, dass das, worauf es Epikur ankommt, noch lange nicht passé ist, ja, heute sogar ganz andere Dimensionen aufweist als die Furcht vor göttlichem Zorn. Ängste, Existenzängste zumal, treffen uns ja immer noch. Schuldkomplexe üben ihre heimliche oder auch unheimliche Macht aus, die Gründe werden in zahlreichen Therapeutenpraxen analysiert, und es dauert erfahrungsgemäß, bis das Individuum sich von ihnen befreien kann.

Was ist an seine Stelle getreten? Heute, in areligiösen, paganen Zeiten, zeigt sich das, wovon Epikur befreien will, eher in der Angst vor »Strafe« (Krankheit, Misserfolge …), wenn wir uns nicht korrekt verhalten, ungesund leben, das Falsche essen, uns berauschen. Noch immer sind wir von der Angst vor einer »un- oder überpersönlich strafenden Instanz« getrieben, sei es, dass wir die angeblich geforderten Leistungen nicht erbringen, sei es, dass wir es uns erlauben, uns gehenzulassen. Wehe dem, der den Göttern »Leistung« und »Effizienz« nicht huldigt. Wehe dem, der dem Genuss mal einfach so frönt, der sich nicht plagt, um »etwas zu erreichen« oder »etwas aus seinem Leben zu machen«, der sich nicht einschränkt, um fürs Alter vorzusorgen – wehe dem, der durch seinen Lebenswandel anderen (»der Gesellschaft«) auf der Tasche zu liegen droht. Insbesondere verstörend ist die Konsequenz, mit der man diese »Strafen« erwartet – da war der Glaube an einen Gott, der strafen konnte, sogar humaner, denn der konnte jeweils noch Gnade walten lassen oder Schuld vergeben. Die Unerbittlichkeit, mit der man dagegen heute ein bestimmtes Unheil aufgrund nicht regelkonformen Verhaltens erwartet, ja, für die Betreffenden erhofft, mutet teilweise schon grotesk an.

Mit der unbestimmten Angst vor irgendwelchen unangenehmen Konsequenzen lässt sich im Übrigen prächtig Druck ausüben – ganz so, wie es die Priesterschaft fast jeglicher Religion mit der Androhung von Höllenstrafen und ähnlichen seltsamen Szenarien jahrtausendelang praktiziert hat. Unerklärliches Leid – gibt's nicht. »Strafe Gottes«, Blitz und Donner – ein »göttlicher Warnschuss«, das muss zumindest sein, um Abweichler auf den »rechten Pfad der Tugend« zurückzuführen.

Heute läuft das vielleicht etwas subtiler, aber nicht anders. Moderne Gottesurteile haben eher die Form von wissenschaftlichen Gutachten oder Expertisen von Ökonomen, Finanz- oder Unternehmensberatern und anderen Experten oder von weißgekittelten, seriös auftretenden Medizinern. Immerhin handelt es sich im letzteren Fall um die sogenannten Halbgötter in Weiß. Aber es sind ja noch nicht mal ganze, sondern eben nur halbe Götter. Und mit so etwas sollen wir uns zufriedengeben? Also, wenn schon ein Gott, dann ein ganzer, bitte. Und die anderen Experten? Bei denen handelt es sich noch nicht einmal darum, sondern – bei anerkannten Autoritäten – um sogenannte »Päpste«. Selbst der römische Pontifex kann nicht mit solcher Unfehlbarkeit auftreten, wie diese es – immerhin nur in ihrem jeweiligen Metier – tun. Aber auch ihr Urteil kommt nicht selten einem »Gottesurteil« gleich, jenem Spruch also, der über Leben und Tod – und in der Leistungsgesellschaft über Erfolg oder Misserfolg – entscheidet.

Päpste und Götter (zumindest halbe), die in der Lage sind, dem modernen Individuum gehörige Schrecken einzujagen, gibt es also zuhauf. Ihr Diktum entscheidet über Existenzen, über Sein oder Nichtsein, über Aufstieg oder Untergang. Sie sitzen in den Börsen, den modernen Tempeln der Macht, in wissenschaftlichen Gremien oder Wirtschaftsinstituten und Ratingagenturen (ein Wort, das sich dem Laut nach nur unwesentlich von »Auguren« unterscheidet, also den römischen Priestern, die aus dem Vogelflug die Zukunft lasen – wie man sich vorstellen kann, waren die Ergebnisse sehr »volatil«). Die Gläubigkeit, die ihnen entgegengebracht wird, ist immens, und selbst wer skeptisch ist, hat das unbestimmte Gefühl, dass doch etwas dran sein könnte an ihren Aussagen. So wie Albert Einstein, der von seinem Assistenten bei der Lektüre seines Horoskops erwischt worden und auf dessen erstaunten Ausruf »Aber Herr Professor, Sie glauben doch nicht etwa wirklich an diesen Unsinn?« nur geantwortet haben soll: »Natürlich nicht, aber ich habe gehört, es stimme auch, wenn man nicht dran glaubt.«

Was sie so übermächtig macht, ist wie bei den antiken Göttern ihre Unsichtbarkeit und – bei aller Berechnung, die sie als Maßstab an die »Sterblichen« anlegen – ihre eigene Unberechenbarkeit. Denn auch wenn es gelegentlich noch einzelne Experten sind, die »leibhaftig« auftreten und die »göttlichen Ratschlüsse« verkünden, so ist doch der Quell ihres Wissens nach wie vor ein dunkles Orakel, eine Botschaft, die sich aus dem Normalsterblichen unzugänglichen Quellen speist wie die Offenbarung, die ein Prophet oder Mysterienpriester verkündet. Bisweilen, ja zumeist, genügt sogar die Datenanalyse durch eine Maschine, um Träume platzen zu lassen. Wenn aus prima facie unzusammenhängenden Daten oder harmlos scheinenden Mitteilungen aus Mails oder in Social Media aus dem anonymen Netz Muster oder Kriterien herausdestilliert werden, die sich auf das Schicksal des Einzelnen auswirken (im harmloseren Fall, wenn einem ein Kredit verweigert wird, im ernsthafteren, wenn zum Beispiel eine Bewerbung scheitert oder eine lebensnotwendige Operation nicht durchgeführt wird aufgrund von »Erkenntnissen« der zuständigen Institutionen, die sie aus einem wie auch immer gewonnenen Profil des Individuums destilliert haben), dann kann man sich schon ähnlich machtlos vorkommen wie der antike Mensch gegenüber der Willkür der unpersönlichen »Götter«. Wer angesichts dessen immer noch unbedacht mit seinen Daten umgeht und naiv meint, er habe ja nichts zu verbergen, sollte sich allerdings daran erinnern, dass nicht er selbst es ist, der darüber entscheidet, was an Verborgenem oder Offensichtlichem an seiner Person oder seinen Umständen interessant oder uninteressant ist, sondern der Empfänger – und damit Interpret beziehungsweise Nutznießer – der Information. Aber auch Fatalismus ist nicht angezeigt nach dem Motto »Die wissen ja eh alles«. Denn auch hier gilt in Bezug auf ihre Relevanz nach wie vor: Nichts ist so alt wie eine Information von gestern. Kein Anlass zur Unruhe also, sofern man sich dessen gewiss ist.

Epikurs erster Ratschlag der »vierfachen Medizin« zielt genau darauf ab, diese Bedrohung als Schein zu entlarven. Was dir auch passieren mag, es ist keine unpersönliche Übermacht, die dich in Schwierigkeiten bringt – du bist ihr nicht hilflos ausgeliefert. Und im Besonderen: Sie ist nicht unfehlbar. Du kannst dich ihr entziehen. Du bist vor allem mehr als die Summe deiner Daten. Misstraue einfachen Erklärungen und Lösungen – es könnte ja noch eine einfachere geben. Entsprechend verhalte dich aber auch, will sagen: Mach dich nicht selbst klein vor denen, die dich klein sehen wollen. Überhöhe die

Bedeutung anderer nicht dadurch, dass du ihnen gestattest, für dein Glück oder Unglück verantwortlich zu sein – oder mit den Worten Immanuel Kants (1724–1804): *»Wer sich zum Wurm macht, soll nicht klagen, dass er mit Füßen getreten wird.«*[29]

Dagegen erheben sich jetzt doch einige Bedenken. Soll man sich wirklich damit zufriedengeben, dass Menschen per Zufall vom Unglück getroffen werden? Wo bleibt da die »höhere Gerechtigkeit«? Doch was hilft die Interpretation, die Schuldzuweisung? Es bleibt letztlich nichts anderes übrig als die Einsicht, dass es im Leben auch Unerklärliches und Unerreichbares gibt. Der Versuch, alles rational zu erfassen, es berechenbar zu machen und deshalb für beherrschbar zu halten, scheitert spätestens hier beziehungsweise entlarvt sich als Illusion. Überhaupt ist diese Haltung eine der Quellen seelischer Unruhe. Sie gleicht der Angst, ob man wohl die Herdplatte oder das Bügeleisen abgeschaltet hat, und sagt wesentlich mehr über den Befürchtenden selbst aus als über die tatsächliche oder mögliche Gefahr. Etwas nicht erklären zu können, etwas nicht als unabwendbar, unumkehrbar akzeptieren zu können, sozusagen immer auf »Vorläufigkeit« hin zu leben, ist einer der Hauptgründe dafür, dass wir vor uns wegrennen. Es gehört zur Reife, letztlich Ungewissheit und auch Unvollkommenheit beziehungsweise Unfertiges zu akzeptieren und aushalten zu können, die Angst davor zwar nicht zu leugnen, sich ihr aber zu stellen und sie zu überwinden – und zu erkennen, dass es nicht sinnvoll ist, Tragisches zu rationalisieren. Es ist sinnlos, angstfrei leben zu wollen. Das wird nicht funktionieren. Aber der Angst vor der Angst, der können wir begegnen. Den Gipfel der Zumutungen finden wir allerdings in unserer Sterblichkeit.

Keine Angst erregt der Tod

Damit kommen wir zum zweiten »Medikament« von Epikur. Dies scheint im Gegensatz zum ersten Teil der Sentenz für uns Heutige noch die größere Zumutung zu sein. Denn an dieser Angst hat sich wohl nichts geändert, und selbst wer das »cool« abstreitet, muss erst noch den Beweis bringen, dass er es ernst meint.

Wer lebt, kann (und möchte) sich in der Regel ungern vorstellen, dass er oder sie eines Tages nicht mehr sein wird. Dass dieses Leben endlich ist. Und niemand weiß genau, was danach kommt, wenn überhaupt etwas kommt, was mit uns noch zu tun hat. Gut, der Glaube an ein ewiges Leben, ein Leben nach dem Tod, Unsterblichkeit oder Auferstehung – wie immer man es bezeichnen mag – ist auch rückläufig. Oder besser: einige traditionelle Vorstellungen davon. Dabei sollte man nicht vergessen, dass auch der Glaube daran, dass nach dem Tod »nichts« mehr kommt, ebenfalls »nur« ein Glaube ist.

Wie auch immer: An der Begrenztheit des Lebens auf dieser Welt ändert das nichts. Dennoch leben manche so, als hätten sie den Schlüssel zur Unsterblichkeit gefunden. Das treibt zeitweilig höchst seltsame Blüten. Im Internet werden digitale Klone angeboten, Facebook-Seiten Verstorbener gepflegt oder ganze virtuelle Mausoleen eingerichtet. Vor ein paar Jahren gab man sich wenigstens mit einer in Stickstoff konservierten Leiche zufrieden, die man irgendwann wieder zum Leben zu erwecken hoffte – Dr. Frankenstein ließ grüßen. Und noch früher mit Mumifizierung. Aber das ist natürlich viel zu konkret gedacht. Viel eher schaffen wir uns eine virtuelle Existenz, die uns dann auch noch nach dem physischen Verschwinden präsent sein lässt – und zwar ohne all die lästigen störungsanfälligen Merkmale, die gewöhnliche Menschen eben auszeichnen. Gebrechlichkeit, Demenz, Unfälle, Krankheit – alles Relikte einer Zeit, die die ständige Optimierung noch nicht kannte und die sich deshalb mit einem Verfallsdatum zufriedengeben musste.

Besonders krass ist dies an gegenwärtigen Versuchen der sogenannten »Singularity«-Bewegung zu studieren. Deren Jünger samt ihrem »Guru« Ray Kurzweil glauben tatsächlich, dass die Konservierung der menschlichen Existenz als technisches Konstrukt kurz bevorsteht. Es geht um den endgültigen Triumph der künstlichen, von Menschen geschaffenen, über die menschliche, aus der Natur stammenden Intelligenz. Die natürlich unzumutbar unzulänglich, da fehlbar ist. Kurzweil ist ein geschätzter und verdienstvoller (vor allem Letzteres) Tüftler, dem die Welt durchaus einige bahnbrechende Erfindungen verdankt. Und überschießende Fantasie kann natürlich ein Motor für Kreativität sein. Zumindest ist sie unterhaltsam, um nicht zu sagen »kurzweilig«. Seltsamerweise verstehen aber die Adepten der Singularity-Bewegung das Ganze wirklich ironiefrei und auch »todernst«. Der Kalauer sei bei dieser »Unsterblichkeitsfantasie« erlaubt. Sie betrachten sich auch als »Post-« oder »Transhumanisten«, wobei sie sich allerdings nur mit beschränktem Recht auf Vorbilder von Renaissance und Aufklärung berufen. Man denke an Descartes' Dualismus von Geist und Materie in denkende Substanz *(res cogitans)* und Materie/Körperlichkeit *(res extensa)*. Damit entwickelte Descartes die Theorie, dass körperliche Vorgänge rein mechanisch erklärbar seien. Oder an La Mettries in dieser Denktradition verfasstes Werk *Der Mensch als Maschine*. Eher allerdings gerieren sie sich als Anhänger des nietzscheanischen Übermenschenmythos. Nietzsche (der späte wenigstens) passt, wie der Soziologe Zygmunt Baumann feststellte, sehr gut als Modephilosoph in unsere Zeit. Egozentrismus und Individualismus auf der Basis eines ziemlich unreflektierten und banalen Materialismus sieht Baumann als alles bestimmende Maximen der modernen Gesellschaft, ungeachtet der Tatsache, dass der frühe und »mittlere« Nietzsche mit seiner Sympathie für Epikur, Montaigne oder Schopenhauer durchaus noch »menschlichere« Töne anschlug denn als Verfasser des *Zarathustra* oder des *Antichrist*.

Rätselhaft ist dieser Trend deshalb, weil sich die meisten jener »Transhumanisten« ja bisher anscheinend noch nicht einmal darum bemühen, überhaupt erst mal Menschen zu sein oder, besser, zu werden, geschweige denn

Personen. Individuen vielleicht noch – okay. Aber das ist ein Stehenbleiben auf halber Strecke. Auch eine einzelne Kartoffel in einem Sack voller Erdäpfel kann höchst individuell sein, zum Beispiel bezüglich ihrer Form und ihres Aussehens oder ihres Gewichts. Das Ziel dieser seltsamen Theorie: Man will den Menschen »überwinden« mit all seinen biologischen Unzulänglichkeiten – und glaubt, die Lösung dafür in einer seelenlosen Technik zu finden. Menschen ohne Seele? Ohne die Möglichkeit, weiterhin Erfahrungen zu machen (wie denn auch)? Wo das Menschliche da bleiben soll, bleibt ihr Geheimnis. Aber wie sollen das diese Individuen verstehen, die vom Menschen reden wie der Blinde von der Farbe? Die sich stattdessen lieber – typisch Sekte – für »auserwählt« halten, für die »kommende Elite«.

Dabei geht es vor allem um diese Frage: wie das Menschliche, das Humane erhalten werden kann – trotz aller offenkundigen, offenen oder auch verdeckten Widerstände und auch trotz aller Unzulänglichkeiten. Und das ist etwas, was in der Entscheidung eines jeden Einzelnen liegt; es entzieht sich dem Zugriff des Totalitären, der schieren »Rationalität«. Wer das als »Schwäche« oder »belanglos« bezeichnet, hat etwas Wichtiges nicht verstanden. Das heißt, man kann das alles als furchtbar naiv belächeln, sollte sich aber dann nicht wundern, wenn das »Ende der Geschichte« ein weiteres Mal abgesagt werden muss.

Wenn von »Menschlichkeit« und von »menschlicher Größe« die Rede ist, die im Übrigen keine »Übergröße«

ist, meint man bezeichnenderweise nicht durch Größenwahn hervorgerufene Verhaltensweisen, sondern eher genau das Gegenteil: Demut, Güte, Wärme, Mitleid, Empathie, Hilfsbereitschaft, die Fähigkeit zu verzeihen ... alles doch angeblich so weiche Faktoren – oder modern: *soft skills* –, die aber bisher jedes noch so harte Regime, wenn nicht zum Erliegen gebracht, so doch zumindest desavouiert haben. Selten sehen »harte Kerle« oder »Eiserne Ladys«[30] so schlecht aus, wie wenn sie versuchen, sich den Wirkungen und dem Appell dieser *soft skills* zu widersetzen oder sie zu ignorieren – vielleicht mit nachdrücklichem Hinweis auf eine geltende Rechtslage, auf die »Realität« oder auf den »gesunden Menschenverstand« oder, weil's gerade wieder »in« ist, auf »Alternativlosigkeit«.

Zum Menschen gehört die Seele; er ist kein seelenloser Apparat – aber zu mehr hat es bisher weder bei Computern noch bei Robotern oder dem »Netz« gereicht. Und auch die Neurobiologie stößt da an ihre Grenze beziehungsweise überschreitet sie dort, wo sie behauptet, so etwas wie Freiheit, Seele, Geist und so weiter seien bloße Illusionen und rein naturwissenschaftlich erklär- oder vernachlässigbar. Vernachlässigbar, weil irrelevant, ist in philosophischer Sicht vielmehr diese eindimensionale natur»wissenschaftliche« Deutung, die vielmehr Ideologie als Wissenschaft ist. Die Formung der Seele, unabhängig von der Frage, ob sterblich oder unsterblich, ist das, was eine Person ausmacht. Man nennt es auch »Charakter«. Das ändert allerdings nichts daran, dass unsere irdische Existenz beschränkt und keinesfalls ewig ist. Epikurs bleibendes Verdienst in diesem Zusammenhang ist es, daran zu erinnern, dass es ein Leben vor dem Tod gibt – das auch erst einmal gelebt werden will, bevor wir uns damit befassen, wie wir unser Dasein (bis ins Unendliche) verlängern können. Und in unserer Zeit hat der Berliner Philosoph Wilhelm Schmid in seiner *Philosophie der Lebenskunst* hinzugefügt, dass es gerade der Tod ist, der durch die Grenzziehung dieses Leben erst zu einem sinnvollen macht. Leben mit dem Tod heißt dann, *»sich klar zu sein darüber, dass dieses Leben begrenzt ist, was immer über diese Grenze hinaus sein wird, und dass der Tod gerade hierin, Grenze zu sein, seinen Sinn hat, und zwar so sehr, dass das Selbst die Grenze, würde sie zum Verschwinden gebracht, wohl selbst zu ziehen hätte«.*[31] Anders gesagt: Nicht der Tod ist die Zumutung, sondern ein unendliches Leben, dem man dann sogar notfalls durch Suizid entkommen müsste. Schmid weiter: *»Käme der Tod nicht als Begrenzung, als ›Horizont‹ im eigentlichen Sinne des Wortes, in den Blick, hätte dies ein bedeutungsloses Leben zur Folge, denn es gäbe keinen Grund, sich um ein schönes und erfülltes Leben zu sorgen. Und gelänge es einst, das Leben ewig dauern zu lassen, schwände die Anstrengung, es wirklich zu leben, dramatisch, und die Individuen brächten ihr Leben wohl erst recht damit zu, auf ›das Leben‹ zu warten.«*

Das Dumme bei der von den Singularity-Jüngern ersehnten virtuellen Unsterblichkeit im Cyberspace ist allerdings, dass man wohl tatsächlich in seiner völligen Belanglosigkeit in alle Ewigkeit »leben« müsste (grauenhaft) und auf die Gnade anderer angewiesen wäre, dieses Leben nicht nur abzuschalten wie lebenserhaltende Apparaturen derzeit in Krankenhäusern, sondern seine realen Angehörigen auch anflehen müsste, die Daten endgültig zu löschen, um von dieser völlig sinnlosen Existenz dann doch irgendwann erlöst zu werden.

Womit wir wieder dabei wären, dass eine Begrenzung der Existenz äußerst sinnvoll erscheint und auch das Hinzufügen von Jahrhunderten nicht davor bewahrt, irgendwann mal tot zu sein, was allerdings die Zeit, die man tot ist, nicht verkürzt. Toter als tot kann man nun mal nicht sein. Denn der Tod ist nicht nur das Ende der (irdischen) Existenz, sondern auch der Zeit – und der Zeitlichkeit –, jedenfalls so, wie wir es kennen.

Epikur hat es wie folgt ausgedrückt: *»Wir sind ein einziges Mal geboren. Zweimal geboren zu werden ist nicht möglich. Die ganze Ewigkeit hindurch werden wir nicht mehr sein. Du aber bist nicht Herr des morgigen Tages und verschiebst immerzu das Erfreuende. Das Leben geht mit Aufschieben dahin, und jeder von uns stirbt, ohne Muße gefunden zu haben.«*[32]

Nicht um eine morbide Todessehnsucht – und sei sie auch noch so reflektiert – geht es also, sondern darum, dem eigenen Leben seinen Wert oder, sagen wir besser, seine Gestalt zu geben, und zwar unabhängig davon, ob das Leben letztlich gelingt oder nicht. Denn eine Erfolgsgarantie kann es nicht geben. Wozu auch? Vor wem sollten wir letztlich bestehen müssen außer vor uns selbst?

Wovor wir uns vielmehr fürchten sollten, ist nicht, dass das Leben mal ein Ende haben wird, als davor, uns eingestehen zu müssen: »Ich habe nicht gelebt, warum muss ich sterben?« Vielleicht, wenn wir sogar so vorbildlich gelebt haben, wie es uns bekannte Gesundheitsexperten immer wieder nahelegen: Tragen Sie Funktionswäsche, »shapen« Sie Ihren »Body« in Fitnessstudios, kaufen und verzehren Sie eine Menge Vitamin- und Mineralstoffpillen (wie übrigens auch Ray Kurzweil, der täglich bis zu 150 Stück schlucken soll), geben Sie Rauchen und Trinken auf, ernähren Sie sich fett-, kohlenhydrat-, lust- und sinnfrei – und verausgaben Sie sich sexuell nicht allzu sehr. Und: Genügt es Ihnen immer noch nicht, dass Sie zur Strafe hundert Jahre alt werden? Oder wollen Sie etwa gar »gesund sterben« wie jene Dame, die bei einem Bankett die Fleischplatte zurückwies mit den Worten »Danke, nein, ich bin Vegetarierin, ich möchte länger leben«? Woran man sehen kann: »Auch die besessensten Vegetarier beißen nicht gern ins Gras.«[33] Ach nein, Sie wollten ja gar nicht … Oder wollen Sie unendlich existieren? Wirklich etwa so?

Und dann gibt es auch noch Menschen, die die Versicherung brauchen, dass es ihnen damit gutgeht. Seneca macht sich in seiner Schrift *Über die Kürze des Lebens* über solch einen Zeitgenossen lustig: *»Ich höre, jemand von diesen … als er aus dem Bade auf Händen getragen und in einen Sessel gesetzt worden war, habe gefragt:*

›Sitze ich schon?‹ Er, der nicht weiß, ob er sitze, meinst du, wisse, ob er lebt …?«[34] Unwillkürlich fühlt man sich an die Anhänger einer der neuesten Moden erinnert, die aus Kalifornien zu uns kommen: die »Quantified-Self«-Bewegung. Nur müssen deren Anhänger heute nicht mehr ihre Sklaven fragen, ob sie schon sitzen, sondern sie werfen einen Blick auf ihr Smartphone, auf dem die neueste App sie darüber informiert, ob sie genügend Schritte gelaufen sind, ob sie hinreichend abnehmen, ob der Blutdruck stimmt. Sie lassen sich daran erinnern, dass sie unbedingt zweimal die Woche fasten müssen. Sie lassen sich von ihrem kleinen Apparat kontrollieren, ob noch ein Stück Kuchen erlaubt oder der Blutzuckerspiegel schon wieder in bedenkliche Höhen geschnellt ist – und selbst nachts kommen sie nicht zur Ruhe und lassen ein Programm ablaufen, das ihren Schlafrhythmus aufzeichnet. Das alles wird nicht nur mal eben so zur Kenntnis genommen, sondern auch noch registriert, analysiert, archiviert, um *»ein gutes Gefühl zu bekommen«*. Aha. Als ob das Leben nach dem Motto »Malen nach Zahlen« abliefe. Aber vielleicht ist es das, was sie unter »inneren Werten« verstehen.

Dabei ist nicht die Tatsache, dass man sich Disziplin auferlegt, das eigentliche Problem – nebenbei bemerkt, ist das Bemühen um Seelenruhe auch nichts anderes als Disziplin –, sondern die Frage, wie weit man das treibt und, jetzt kommt's, wie »frei« man dabei ist. Angeblich mehr denn je, denn, wie ein Protagonist dieser Lebensweise bekennt: *»Wenn ich sehe, dass ich meine Ziele er-*

reiche, macht mich das glücklich. Früher hatte ich immer ein gewisses Schuldgefühl, weil ich dachte, ich arbeite nicht genug oder ich verschwende meine Zeit. Und jetzt, da es messbar ist, kann ich mich endlich kontrollieren.«[35]

Erschütternd. So jedenfalls hat Seneca es nicht gemeint, wenn er sagte, dass wir die Zeit, die wir haben, nicht nutzen. Nicht die Quantität, sondern die Qualität der Nutzung ist entscheidend. Und ob wir das in einer bloßen Zahl finden, dürfte mehr als fraglich sein. Der grassierende Verlust des Menschlichen durch Effizienz und Berechenbarkeit, der hier aufscheint, die sogenannte Rationalität, das »Kalkül«, führt in eine Sinnlosigkeit, die Douglas Adams hervorragend in seiner Science-Fiction-Parodie *Per Anhalter durch die Galaxis* illustriert: Nach siebeneinhalb Millionen Jahren hat der Computer »Deep Thought« endlich die von den Menschen ersehnte Antwort auf die Frage nach dem Sinn von allem gefunden: 42. Wow! Diese Begrenztheit beziehungsweise Sinnlosigkeit kann nur überwunden werden, indem der Blick über das Kalkül hinausgeht – eine ernüchternde Einsicht, die jeden Selbstoptimierer in seiner Selbstbezogenheit und Selbstsicherheit demütig lassen werden müsste, sofern er mal einen Blick aus seinem selbstgemachten Gefängnis werfen würde. Das könnte zu heilsamem Zweifel führen, anstatt zielsicher auf das bittere Fazit »Ich habe nicht gelebt, warum muss ich sterben?« hinzuvegetieren. Aber Demut – wer redet denn davon heute noch? Zweifel? Unergiebig, nutzlos … Wer den

Sinn dagegen hartnäckig und unbelehrbar in diesem System der Berechenbarkeit und des Kalküls weiter sucht, obwohl ihn nichts daran hindert, von dort auszubrechen, belegt nur einmal mehr, dass C.S. Lewis mit seiner in Anlehnung an John Milton *(Paradise Lost)* formulierten Einsicht recht haben könnte: *»Ich glaube gern, daß die Verdammten in einem bestimmten Sinn ›Erfolg‹ haben … daß also die Pforten der Hölle von innen verriegelt sind.«*[36] – Wer dagegen »Morgenluft« wittern durfte wie derjenige, der in Platons Höhlengleichnis seine unterirdische Behausung verlassen konnte (ja, eigentlich musste; er wurde ja »geschleppt«)[37], wird wohl kaum freiwillig in diese Höhle (Hölle?) zurückkehren. Wenn auch der Preis für diese Befreiung durch Philosophie nicht gerade gering ist, wie Platon drastisch beschreibt (natürlich schon mit Blick auf das Schicksal seines Lehrers Sokrates), und man für diesen Ausstieg aus dem System der Gewohnheit und des Berechenbaren einiges aufzugeben bereit sein muss – der Lohn ist eben diese Kraft, die zur Seelenruhe führt. An der vorangehenden Entscheidung hierzu führt allerdings kein Weg vorbei.

Das Gute ist leicht zu beschaffen

Na, das ist doch mal eine erfreuliche Nachricht. Aber welche Relevanz hat eine solche Aussage für eine Konsumgesellschaft, in der ohnehin alles scheinbar irgendwie »leicht zu beschaffen« ist? Wer nicht über den Tellerrand hinausblickt – und dazu kann ja niemand gezwungen werden –, wird sich ohnehin kaum Sorgen darum machen, dass etwas nicht verfügbar sein sollte. Höchstens sorgt er sich darum, doch bei den Ersten zu sein, die ein neues Handy oder die Erstausgabe vom nächsten angesagten Bestseller erwischen. Da kann es schon mal etwas anstrengender werden, vor allem wenn man bereits Tage vorher vor dem Store campen muss. Aber auch nur dann …

Ernüchternd allerdings, wenn man dann schaut, was dieser Ratschlag Epikurs eigentlich meint – heutzutage weder das neueste iPhone oder iPad noch die aktuellste Spielekonsole, weder exklusive Designerklamotten noch eine Karte für das Konzert eines gehypten Popsternchens oder die ersehnte Reservierung in einem angesagten Edelrestaurant.

Spaßbremse Epikur? Das würde gerade noch fehlen, dass ausgerechnet Epikur, dem seit Anbeginn der Verdacht anhaftet, ein Lustmolch zu sein, das gegenteilige Etikett angeheftet wird. Nun ist das Zerrbild »Lustmolch« zwar schon des Öfteren korrigiert worden, nicht zuletzt von jenen, die erklärte Gegner der Philosophie seiner Schule waren. Doch so ganz wird Epikur diesen Makel nie los. Friedrich Nietzsche hat das so auf den Punkt gebracht: *»Der Philosoph der Ueppigkeit: – Ein Gärtchen, Feigen, kleine Käse und dazu drei oder vier gute Freunde, – das war die Ueppigkeit Epikur's.«*[38] Vielleicht liegt es an der schillernden Bedeutung des griechischen Begriffs *hēdonḗ*, den wir gewöhnlich mit »Lust« übersetzen, obwohl »Freude« genauso angemessen wäre. Was Epikurs Beitrag zur Seelenruhe in diesem Zusammenhang so wertvoll macht, ist die Einsicht, dass der Überfluss sie gerade verhindert.

Nebenbei: Das ist kein Plädoyer für Verzicht als Grundhaltung, wohl aber für kluge Wahl – und damit ein Schritt auf dem Weg zur ersehnten Seelenruhe: *»Auch die Selbstgenügsamkeit halten wir für ein großes Gut, nicht um uns in jedem Fall mit wenigem zu begnügen, sondern damit wir, wenn wir nicht viel haben, uns mit dem wenigen begnügen in der Überzeugung, daß diejenigen den Luxus am lustvollsten genießen, die seiner am wenigsten bedürfen, und daß alles Natürliche leicht, das Sinnlose aber schwer zu beschaffen ist.«*[39] Nicht »Wie viel kann ich mir leisten?«, sondern »Was soll/kann ich mir vernünftigerweise leisten, mir zu leisten?« ist die Frage.

Epikur sucht auch nicht den kurzen, den flüchtigen Spaß, der nach kurzer Zeit wieder nach seiner Befriedigung drängt, anders als Aristipp (435–356 v. Chr.), ein Zeitgenosse des Sokrates und der Begründer der sogenannten »Kyrenaischen Schule«. Im Gegensatz zu Aristipp und seinen Anhängern, die die Lust des Augenblicks verfolgten, ist Epikurs Ziel eine ständige Ausgeglichenheit – eben »Ataraxie« – anstelle des anstrengenden, ermüdenden »Auf und Ab«. Und die tritt nur ein, wenn alle Bedürfnisse, alle Sehnsüchte dauerhaft gestillt sind. Es scheint also zunächst um reine, anhaltende Bedürfnisbefriedigung zu gehen. Dabei unterscheidet Epikur Bedürfnisse, die natürlich und notwendig sind (Essen, Schlafen), natürliche, die nicht notwendig sind (zum Beispiel den Geschlechtstrieb), von Bedürfnissen, die weder natürlich noch notwendig sind (Reichtum, Besitz, Erfolg ...). Letztere nennt er »leerem Wahn entsprungen«. Insbesondere aber würde Epikur dieses Etikett jenen – bis dato noch nicht mal vorhandenen – Bedürfnissen anheften, die erst immer wieder erzeugt werden müssen und damit genau das sind, was unsere moderne Konsumgesellschaft – und nach Meinung vieler Ökonomen unsere auf »Wachstum« ausgerichtete Wirtschaft generell – am Laufen hält. Die Einsicht, mit der das Buch *Wem gehört die Zukunft?* von Jaron Lanier untertitelt ist, trifft den Kern des hier Gemeinten: *»Du bist nicht der Kunde der [Internet]konzerne. Du bist ihr Produkt.«*[40]

Bedürfnisse, egal welcher Kategorie, haben es dummerweise an sich, dass sie nach ständiger Befriedigung streben, dass diese Befriedigung aber nur von kurzer Dauer ist. Wer seinen Hunger oder Durst stillt, wird kurze Zeit später wieder Hunger und Durst verspüren. Sich über die Maßen zu sättigen bringt da auch nichts, wie wir alle wissen. Allerdings müssen die natürlichen und notwendigen Bedürfnisse befriedigt werden, wenn wir weiterexistieren wollen. Und deshalb ist dafür »von der Natur« so vorgesorgt, dass diese Bedürfnisse gestillt werden können. Wie schon gesagt: Zu Zeiten Epikurs gab es ein Überbevölkerungs- und andauerndes Hungerproblem für ganze Völker und Erdregionen so wie heute noch nicht – nur wissen wir alle auch, dass es zwar am guten Willen mangelt, das zu ändern, dass es aber nicht unmöglich ist. Und deshalb ist es kein prinzipieller Einwand gegen Epikurs Klassifizierung. Ein hinreichendes Bedürfnis wäre das natürliche Bedürfnis nach Befriedigung des Geschlechtstriebs. Niemand stirbt, wenn er nie im Leben Sex hatte, ja, manche verzichten sogar bewusst darauf – und fühlen sich dabei keinesfalls unglücklich. Aber Gelegenheiten dazu gibt es immer. Auch diese stellt »die Natur« bereit – und die Kultur, möchte man hinzufügen, auch.

Die Schwierigkeiten beginnen erst wirklich, wenn es Wünsche und Bedürfnisse darüber hinaus gibt, eben Bedürfnisse, die »von der Natur« nicht vorgesehen sind. Hans Blumenberg (1920–1996) macht die Diskrepanz zwischen Lebenszeit und Weltzeit dafür verantwortlich und führt unter anderem die »Bosheit« des Menschen darauf zurück, dass der Mensch ein endliches Wesen mit unendlichen Wünschen sei.[41] Und mit – jedenfalls meistens – begrenzten Ressourcen, wie man ergänzen könnte.

Doch kann man das wirklich durchhalten, ernst nehmen? Zählen wir das, was wir über natürliche und notwendige Bedürfnisse hinaus erstreben, nicht zum »Lebenswerten«? Wie sollte es zu Kulturleistungen kommen, wenn wir auf einer derart »primitiven« Stufe verharren? Gerade die Möglichkeiten, die darüber hinausgehen, machen doch das menschliche Leben aus. Gewiss – aber in ihnen liegt auch eine große Versuchung: die nämlich, keine Grenzen mehr zu akzeptieren, sich zu berauschen an seinen Wünschen und sich letztlich in den Wahlmöglichkeiten zu verheddern und keine Entscheidung mehr treffen zu können, aus Angst, das Wesentliche zu versäumen oder zu übersehen. Günther Anders (1902–1992) nannte den Überfluss einmal die »Mutter der Phantasielosigkeit«. Nichts gegen ein überschaubares Maß an Annehmlichkeiten – jeder wird da seine Prioritäten anders setzen –, aber kann man das noch angesichts der Flut, mit der die Angebote über uns hereinbrechen? Zeigt sich der Meister nicht auch hier in der Beschränkung? Auch wenn scheinbar unbegrenzte Mittel zur Verfügung stehen? Es ist das klassische Dilemma des Menschen, der in seinen Entscheidungen frei und autonom sein will. Die Entscheidung für eine Möglichkeit schließt aber andere Möglichkeiten aus, jedenfalls zur gleichen Zeit. Nur: Ohne diese Entscheidung bleibt jede Möglichkeit auch eben nur möglich – und keine wird wirklich.

Doch so ist es auch nicht gemeint. Etwas, was über den Bereich des Natürlichen hinausreicht, kann mein Leben erleichtern, verschönern. Aber ich kann es nicht »einklagen«, einen Anspruch darauf erheben – und klugerweise sollte ich es auch nicht tun. Es gibt keinen Anspruch auf »mein Haus, mein Auto, meine Jacht«. Etwas *nicht* zu bekommen, nicht zu erreichen, kann ärgerlich sein. Existenzbedrohend ist es keineswegs, solange es sich nicht um Grundbedürfnisse handelt. Es kann dagegen sehr beglückend sein, etwas »unverhofft« dennoch zu erhalten. Darauf zielt Epikurs Ratschlag, die Selbstgenügsamkeit für ein großes Gut zu halten. Neid als

Quelle der Unruhe auszuschalten ist schließlich kein geringes Verdienst.

Es geht ihm dabei um keine prinzipielle Verzichtshaltung um des Verzichts willen wie bei den Kynikern, etwa einem Diogenes, der nicht nur in einem Fass gelebt haben, sondern auch noch seinen Becher weggeworfen haben soll, als er sah, wie ein Kind Wasser mit der Hand schöpfte.

Mit Verachtung und Ablehnung der Welt hat die Haltung des Epikureers nichts zu tun. Eher geht es darum, auch entbehren zu lernen – das ist ein wesentlicher Unterschied: zwischen der hochmütigen Ablehnung »Ich habe das nicht nötig« und der wirklichen Bescheidenheit, die Angebotenes nicht dünkelhaft ausschlägt, sondern annimmt. Natürlich kann man auch aus anderen – etwa aus altruistischen oder ökologischen – Gründen Verzicht üben, etwas, was in der LOVOS[42]-Bewegung zum Ausdruck kommt.

Kommt Zeit, kommt Gelegenheit. So jedenfalls – um mal wieder vom Epikureismus zur Stoa zu kommen, die sich, wie schon öfter zu sehen, doch recht nahe sein können, sieht es auch Epiktet, jener Vertreter der »späten Stoa« im 2. Jahrhundert n. Chr. Er kam als Sklave nach Rom und genoss nach seiner Freilassung als philosophischer Lehrer hohes Ansehen. Einer seiner Ratschläge: *»Gedenke, dass du dich (nämlich im Leben) wie bei Tische betragen musst. Es wird etwas herumgetragen und kommt zu dir: strecke die Hand aus und nimm bescheiden deinen Anteil. Es wird vorbeigetragen: halte es nicht* *zurück. Es ist noch gar nicht angekommen: mache deine Begierde nicht weithin bemerkbar, sondern warte, bis es zu dir herunterkommt. So sei es mit deinen Kindern, so mit deinem Weibe, so mit Stellungen und Reichtum, und du wirst einmal ein würdiger Tafelgenosse der Götter sein.«*[43]

Das Beschwerliche ist leicht zu ertragen

Schon immer mussten Menschen lernen, sich mit ihrem Schicksal abzufinden. Das kann Angst machen. Das macht jedem Angst. Aber Angst ist nicht das eigentliche Problem, jedenfalls kein unlösbares.

Es ist eher diese Atemlosigkeit, die zu einer allgemeinen Erschöpfung führt. Und schon seit Längerem besteht der Verdacht, dass dieses ganze Krisengerede einem bestimmten Zweck dient: nämlich keinesfalls dem, Krisen zu beenden, sondern sie zu perpetuieren. Krise sei ein produktiver Zustand, man müsse ihm nur den Beigeschmack der Katastrophe nehmen, meinte schon Max Frisch. Aber genau das ist es. Der Beigeschmack der Katastrophe scheint eine unentbehrliche Zutat zu sein, die Atemlosigkeit eine durchaus erwünschte Konsequenz. Man könnte ja sonst vielleicht noch auf »dumme Gedanken« kommen. »Quatsch!«, höre ich einige rufen, das klinge doch zu sehr nach Verschwörungstheorie. Bemerkenswert jedoch, dass man ins Schwarze getroffen haben könnte mit seiner Vermutung. Getroffener Hund bellt eben …

Was nach Verschwörungstheorie klingt, hat aber durchaus einen realen Hintergrund. Es muss sich dabei ja noch nicht mal um eine »Verschwörung« handeln. Es ist eher eine diffuse allgemeine Stimmung – eine kollektive Hilflosigkeit, die uns merken lässt, dass uns die Antworten oder Lösungen ausgehen, um den Status quo zu erhalten, und sich stattdessen unproduktiver Aktionismus entfaltet, auf allen Ebenen, quer durch alle gesellschaftlichen Schichten und Lager. Und dass diese Unsicherheit insbesondere diejenigen betrifft, an die wir selbst die Lösung der Probleme delegiert haben. Es mag ja zutreffen, dass Krisen zukunftsentscheidend sind, verdächtig ist nur, wenn diese Krise(n) zu keinem Ende finden, wenn täglich eine andere Sau durchs (globale) Dorf gehetzt wird.

Die Unwägbarkeit und der unsichere Ausgang sind der Treibstoff, der diese Gesellschaft vor sich herhetzt, die angeblich dem Fortschritt verpflichtet ist. Und Fortschritt, dieses Zauberwort, hat doch seit der Aufklärung den Nimbus, das Einzige zu sein, um dessentwillen sich dieses Leben lohnt, oder? Die Frage ist natürlich rhetorisch … Seit dem Verlust der Überzeugung, dass diese Schöpfung (wenn sie denn eine ist) zu einem guten Ende, zur »Erlösung« kommt, ist dem »Fortschritt« das Ziel abhandengekommen. Und ebendiese Ziellosigkeit kommt nicht zuletzt in jener Atemlosigkeit zum Ausdruck. Die Atemlosigkeit verdankt sich aber ebenso der Tatsache, dass »der Fortschritt« geschichtsvergessen ist.

Wer nur auf die Zukunft schaut und nur aus der Gegenwart heraus agiert ohne Berücksichtigung dessen, woher er kommt, muss zwangsläufig jener Kurzatmigkeit verfallen, die für unsere Zeit und das Handeln unserer Zeitgenossen typisch ist. Gerd Achenbach[44] hat darauf hingewiesen: So paradox es klingen mag, die meiste Zeit hat der, der auf die Vergangenheit zurückblicken kann. Wer die Zeit auf den kurzen Moment der Gegenwart und auf den Ausblick des »Noch nicht« in der Zukunft verkürzt, hat den größten Teil seiner Zeit bereits verloren.

Die leere Unendlichkeit, die uns seit dem Beginn der Neuzeit angähnt und die wir gegen das, was mal »Ewigkeit« genannt wurde, eingetauscht haben, hat uns unsere eigene Endlichkeit anscheinend noch auswegloser erscheinen lassen, sodass wir uns bemüßigt fühlen, unser einziges, aber begrenztes Leben mit allem zu füllen, dessen wir habhaft werden können. »Horror Vacui« nannte man das im Mittelalter, die Furcht vor der Leere des »Nichts«. Und diese Angst, etwas zu verpassen, in ein schwarzes Loch zu fallen, hat uns seitdem nicht mehr losgelassen. Die Entdeckung, dass die Erde nicht im Mittelpunkt der Welt steht, dass das Weltall unendlich ist und wir nur ein Staubkörnchen darin sind, ein »Augenzwinkern in der Ewigkeit«, war eben mehr als nur eine wissenschaftliche Entdeckung. Sie hat bei den Menschen damals eine große Verunsicherung ausgelöst, die sich sozusagen im »kollektiven Gedächtnis« unbewusst bis heute hält. Ist diese unendliche Weite nicht das Nichts, in das alles zu jeder Zeit zu stürzen droht? Ist das die »Hölle«? Solche Fragen wurden nicht nur an den Universitäten und unter Gelehrten diskutiert. Das diffuse Gefühl, heimatlos geworden zu sein, erfasste den Menschen der frühen Neuzeit und machte seine innere Unruhe aus. Wenn das Nichts allbeherrschend war, dann musste man es irgendwie füllen – der Ursprung des Gedankens vom »stetigen Wachstum« ist vielleicht hier zu verorten. Die barocke Fülle und Üppigkeit war eine Antwort auf diesen Horror Vacui, großartiges Blendwerk, das die Angst vor dem Versinken ins Nichts gleichsam zu verdrängen trachtete. Fast zeitgleich entstand der Frühkapitalismus, und dort liegt auch die Wurzel dessen, was uns heute so sehr zu schaffen macht. Nach dem Ende der Utopien, die ein (zumindest irdisches) Paradies vor Augen hatten, ist »Fortschritt« zu einem ausweglosen und sinnlosen Selbstzweck geworden. Nun ist sein Motor, der Kapitalismus, ins Stottern gekommen.

Dass sich »der Kapitalismus zu Tode« siege, ist eine Formulierung, die bereits seit dem Zusammenbruch der kommunistischen Regime in Osteuropa durch die Welt geistert. Dass er diese »dunkle Prophezeiung« bereits mehr als zwei Jahrzehnte überdauert hat, widerlegt diese These indes nicht. Wenn wir zurzeit von einem Krisenzustand zum nächsten stolpern, ist dies eher ein Zeichen dafür, dass sie stimmen könnte. Aber hier soll es nicht um Politik gehen, auch nicht um Ökonomie. Und wenn, dann bestenfalls in zweiter Linie.

Worum es allerdings geht, ist ein Plädoyer für den Primat des Humanen – damit ist nicht das »Menschlich-Allzumenschliche« gemeint und noch weniger eine »Rettung des Menschen« oder die Frage, ob der Mensch »die Krone der Schöpfung« sei. Letzteres griffe auf jeden Fall zu kurz, weil das, was ihm die Krone aufsetzen könnte, doch genau das ist, wodurch sich das Humane auszeichnet.

Angesichts eines solchen »Befundes« erscheint es natürlich noch auswegloser, wenn man dazu aufgefordert wird, doch bitte schön das »Beschwerliche« mit Gleichmut zu ertragen. Ja, dies scheint eine der Zumutungen der Ratschläge Epikurs zu sein, die eigentlich nur mit einem guten Schluck aus der Pulle zu goutieren ist. Allerdings wäre das dann doch ein wenig zu kurz gegriffen, wenn wir, statt uns um eine Lösung zu bemühen, die Frage lediglich im Rausch oder im Alkohol auflösten, ganz nach dem Wilhelm-Busch-Motto: *»Es ist ein Brauch von alters her, wer Sorgen hat, hat auch Likör.«*[45]

Warum also soll »das Beschwerliche« leicht zu ertragen sein? Für wen und in welchem Bezug gilt das? Gilt es im Hinblick auf individuelle Schicksale ebenso wie auf zeitgemäße Umstände, seien sie politischer, seien sie wirtschaftlicher oder welcher Art auch immer? Was hilft dieser »Trost« demjenigen, dem das Leben unerträglich erscheint? Niemand von uns wurde gefragt, ob er beziehungsweise sie geboren werden wollte; die meisten leben dennoch, und das sogar gern. Denn sonst müssten ja alle, die sich etwas vom Leben versprechen und nicht bekommen, was sie sich wünschen, Hand an sich legen. Aber zeugt die Ansicht, dass das Beste am Leben Mühe und Arbeit sei (Psalm 90), nicht gerade vom Gegenteil, spiegelt das nicht auch eine menschliche Urerfahrung wider? Doch schon Epikur kritisierte die Meinung, es sei *»schön, nicht geboren zu sein, aber ist man geboren, aufs schnellste des Hades Tor zu durchschreiten«*, mit den Worten: *»Denn wenn er dies im Ernst sagt, warum scheidet er nicht aus dem Leben? Dies steht ihm ja frei, wenn er dazu fest entschlossen wäre. Redet er aber im Spott, so verhält er sich töricht in Dingen, die keinen Spott vertragen.«*[46]

Albert Camus erörterte den Suizid als Möglichkeit in seinem *Mythos von Sisyphos*. Dieses in der ersten Hälfte des 20. Jahrhunderts viel beachtete Werk des französischen Existenzialisten beginnt mit den Worten: *»Es gibt nur ein wirklich ernstes philosophisches Problem, den Selbstmord. Die Frage, ob das Leben sich lohnt oder nicht, beantwortet die Grundfrage der Philosophie.«*[47] Es ist die Umkehrung der Frage »Warum muss ich sterben?« in »Warum soll ich leben?«. Camus' Antwort hierauf: weil es mein Leben ist, ein anderer kann dieses Leben gar nicht leben. Der Stein, den Sisyphos ständig den Berg hinaufrollen muss, ist *sein* Stein, weshalb Camus festhält: *»Darin besteht die verborgene Freude des Sisyphos. Sein Schicksal gehört ihm. Sein Fels ist seine Sache ... Der Kampf gegen Gipfel vermag ein Menschenherz auszufüllen. Wir müssen uns Sisyphos als einen glücklichen Menschen vorstellen.«*[48]

Das ist kein Zynismus – es ist Aufbegehren, es ist »Revolte«. Es ist die schärfste humane Absage an die immer zynisch klingende Drohung »Jeder ist ersetzbar«. Nein, ist er nicht, um das hier gleich mal festzustellen. Wer so argumentiert, entwertet jedes Leben – und erst recht sein eigenes. Nur dieses eine Leben, das jeder hat, ist dafür gedacht, eine eigene Antwort auf die gestellte Frage zu finden. Warum also sollte man es nicht zumindest versuchen, auch gegen Widerstände und Bedrohungen?

Die Frage »Wozu das Ganze?« ist eine, die sich nicht abwürgen lässt, die alles andere relativiert, das heißt in Beziehung setzt – zu mir, zum Fragenden. Vielleicht können wir diese Frage eine Zeitlang ignorieren, zurückdrängen, verschieben. Los werden wir sie nicht, jedenfalls nicht, solange wir leben. Denn sie wird immer wieder akut. Und erst wenn wir sie annehmen, haben wir eine Chance, zur Seelenruhe zu kommen.

»Wer ein Warum zu leben hat, erträgt fast jedes Wie«, formulierte der Psychoanalytiker Viktor E. Frankl (1905–1997) in Anlehnung an Friedrich Nietzsche.[49] Wir sind aufgefordert, es zu finden – oder es zu entwerfen, vor allem aber: es zu wagen. Dabei ist keineswegs ausgemacht, dass es ein einziges, durchgängiges Warum sein soll, das mein Leben trägt. Ziele, auch Lebensziele, können sich ändern. Gerade Lebensziele können so groß, so überwältigend scheinen, dass man davor verzagt. Nicht dass man sich keine großen Ziele stecken soll. Aber auch das kann belanglos werden. Etwas kann seine Bedeutung verlieren, anderes, was vorher kaum wichtig war, an Bedeutung gewinnen. Warum auch nicht? Was ist uns dies wert?

Lebe im Verborgenen

Dieser Ratschlag Epikurs gehört nicht mehr unmittelbar zur »vierfachen Medizin«. Und dennoch erscheint er für unser Ziel, die Seelenruhe, so unverzichtbar, dass er hier noch berücksichtigt werden soll.

Dass man diesen Ratschlag von allen, die wir bisher kennengelernt haben, in der heutigen Zeit am wenigsten befolgt, ja befolgen kann, scheint so gut wie ausgemacht. Schon zuvor wurde jedoch das Verlangen nach ständiger und vollkommener »Transparenz« als eine Zumutung entlarvt, gegen die man sich tunlichst zur Wehr setzen sollte.

Andererseits, in Zeiten von Castingshows, Facebook, Twitter & Co. scheint es allerdings völlig aussichtslos, sich dem noch zu entziehen. Was soll man auch davon halten, wenn bereits achtzehnjährige »Celebrities« ihre Biografie – und nicht die erste, sondern schon mindestens eine weitere – auf den Markt werfen? Haben die ihr Leben bereits hinter sich? Höchstwahrscheinlich, denn was, außer einer weiteren Ausschlachtung für die Entertainmentindustrie, hätten sie noch zu bieten, um dann, wenn das Publikum ihrer endlich überdrüssig ist, wieder in der Versenkung zu verschwinden? Und wer das Schicksal so mancher Stars betrachtet, fragt sich, ob sich dieser Ruhm dann wirklich gelohnt hat. Oder ob man die horrenden Gagen und Tantiemen brauchte, um hinterher die Entziehungskuren und Psychotherapien in exklusiven Privatkliniken bezahlen zu können.

»Lebe im Verborgenen« heißt aber nicht nur, man solle sich aus der Öffentlichkeit zurückziehen, sondern kann auch schlicht bedeuten, nicht weiter aufzufallen, sein Leben abseits von »Verhaltensauffälligkeiten« zu leben. Malte Hossenfelder hat das mit dem Rat eines Kriegsveteranen an seinen Sohn illustriert: sich im großen Haufen der Mitte aufzuhalten, statt an vorderster Front oder in der Nachhut mitzumarschieren. Ersteres bedeutet einfach eine größere Sicherheit – und in der Folge weniger Grund zur Angst. Der Grund für einen solchen Rat ist ganz schlicht: Selbst wenn wir gelernt haben, uns an die Regeln der »vierfachen Medizin« zu halten, kann uns immer noch Gefahr oder Unbill von unseren Mitmenschen drohen – ganz im Sinne von Schillers *Wilhelm Tell*, wo es heißt: *»Es kann der Frömmste nicht im Frieden bleiben, wenn es dem bösen Nachbarn nicht gefällt.«*[50]

»Lebe im Verborgenen« kann somit heißen, man solle so wenig Angriffsflächen wie möglich bieten. Ein vollständiger Rückzug aus der Gesellschaft ist dafür weder erforderlich noch hilfreich. Anders als die Stoiker, die sich dem Gemeinwohl verpflichtet fühlten, indem sie zum Beispiel politische Ämter übernahmen, lehnten die Epikureer ein öffentliches Engagement ab. Es störte das persönliche Streben nach Ruhe. Auch Seneca, sonst seinen stoischen Vorbildern verpflichtet, betrachtet im Übrigen den Rückzug aus der Öffentlichkeit dann als legitim, wenn zum Beispiel das Staatswesen so verrottet, die Politik so korrupt ist, dass ein Verbleiben im System, selbst wenn man es bekämpft, nur dessen Aufrechterhaltung und für einen selbst unnötige Kraftverschwendung bedeutete. Es kann daher auch Pflicht des stoischen Weisen sein, sich zurückzuziehen, um den Zusammenbruch eines unhaltbar gewordenen Systems nicht noch durch formal ethisch korrektes Handeln aufzuhalten.

Natürlich kann man auch ungewollt zu öffentlichen Ämtern herangezogen werden. So wurde Michel de Montaigne (1533–1592) zweimal, davon das erste Mal in Abwesenheit, zum Bürgermeister von Bordeaux gewählt – eine Aufgabe, der er sich nicht entziehen konnte, nachdem ihn der König selbst zweimal aufgefordert hatte, das Amt anzutreten, das nach damaliger Gestaltung auch noch ein pures Ehrenamt ohne Gehalt war. Heute trifft so etwas beispielsweise zu, wenn jemand zum Schöffen am Gericht berufen wird.

Ist aber der völlige Rückzug aus öffentlichen Aufgaben überhaupt zu verantworten? Ein Stoiker würde seiner Verpflichtung zu einem öffentlichen Amt nicht nur widerstrebend, sondern aus vollem Herzen nachkommen, schon weil er der Pflicht, diese Verantwortung zu übernehmen, oberste Priorität einräumen würde. Ausnahme: Siehe die Begründung von Seneca, wenn das Engagement sozusagen aussichtslos wäre. – Und könnte eine Gesellschaft überhaupt bestehen, wenn sich jeder, dem das nicht passte, diesen Pflichten entzöge? Wenn jeder nur seinem Privatinteresse folgte? Wie soll sich gesellschaftliche Veränderung gestalten? Ist der Epikureer letztlich ein unverbesserlicher Egoist?

Wen der Ehrgeiz treibt, der soll sich um öffentliche Aufgaben bemühen. Aber am ruhigsten lebt man sein Leben, wenn Ämter, Karriere und öffentliche Ehren nicht locken. Sie sind ohnehin flüchtig – ob sie nur für kurze Zeit ausgeübt werden oder vielleicht sogar einen Großteil des persönlichen Lebens ausmachen.

Aber es gibt für den Epikureer durchaus einen anderen Weg, Einfluss zu nehmen. Dieser Weg ist ein indirekter. Er besteht in der Zusammenarbeit, ja, in der gemeinsamen Lebensgestaltung mit Gleichgesinnten, am besten sogar im Zusammenleben. Auch deshalb spielt die Freundschaft bei den Epikureern eine kaum zu überschätzende Rolle (siehe Kapitel 3).

Zu Epikurs Zeiten bestand sie nicht nur lose, sondern zeigte sich vor allem in der Gemeinschaft des bereits erwähnten »Gartens«. Nachahmer hat diese Idee in der Vergangenheit genug gefunden, und wir sollten die gesellschaftsverändernde Rolle dieser Gemeinschaften nicht unterschätzen, ob nun in säkularer Form wie bei Epikur und seinen Nachfolgern oder ob beispielsweise in religiösen wie den Orden und Klöstern. Dabei ist dann nicht das Missionieren für einen bestimmten Lebensstil, sondern einfach die Wirkung durch das Vorbild dasjenige, das gesellschaftsverändernd wirkt, nach dem Motto: »Wir fangen dann schon mal an.«

Heute haben wir dafür auch Beispiele in der Zivilgesellschaft, wo sich die ideologischen Grenzen mehr und mehr zugunsten bestimmter gesellschaftlich verfolgter Ziele auflösen. Nicht mehr das »Programm« einer Partei, das möglichst viele Gebiete der Politik abdeckt, sondern partikulare Interessen und Ziele finden Engagierte, die sich für ihre Verwirklichung einsetzen. Natürlich kann es auch da zu Konflikten kommen, aber schließlich ist keine Gesellschaft konfliktfrei – und das ist auch keine Grundbedingung für Seelenruhe. Eher ist diese Voraussetzung dafür, dass Konflikte gelöst werden können.

Das »sanfte« Wirken solcher Initiativen und Gruppierungen, aber auch von einzelnen Vorbildern sollte man daher nicht unterschätzen.

3

Ein Freund, ein guter Freund …

Selig, wer sich vor der Welt
ohne Hass verschließt,
Einen Freund am Busen hält
und mit dem genießt,
Was, von Menschen nicht gewusst
Oder nicht bedacht,
Durch das Labyrinth der Brust
Wandelt in der Nacht.

Goethe, »An den Mond«

Mag Seelenruhe auch ein individuelles Ziel sein – im Verborgenen zu leben bedeutet weder völlige Isolation noch Unsichtbarkeit.

Dennoch scheint dieser Ratschlag, im Verborgenen zu leben, nicht wenigen heute eine Zumutung zu sein. Sie haben eine drückende Furcht davor, nicht wahrgenommen, ja, übersehen zu werden. Und wenn kaum etwas dem Menschen so unerträglich ist wie der Verdacht, überflüssig zu sein, so noch mehr, nicht wenigstens in dieser vermeintlichen Überflüssigkeit durch Präsenz aufzufallen oder seinen Platz zu finden, einen möglichst guten, versteht sich.

Nun, niemand ist überflüssig. Die Befürchtung, man könnte es dennoch sein, ist allerdings eine Unruhequelle, die sich aus dem Hang des Menschen speist, *»getrieben durch Ehrsucht, Herrschsucht oder Habsucht sich einen Rang unter den Mitgenossen zu verschaffen, die er nicht wohl leiden, von denen er aber auch nicht lassen kann«*.[51] So Immanuel Kant, der in diesem Zusammenhang von der »ungeselligen Geselligkeit« spricht.

In seiner übersteigerten Form wird jener Hang zum Narzissmus. Dennoch: Diese stete Spannung zwischen Individuum und Gesellschaft, zwischen den Anforderungen, die jemand an seine Mitmenschen hat und diese an ihn, können wir nicht ganz auflösen. Es ist eine Frage der Verhältnismäßigkeit zwischen den beiden Polen. Erinnern Sie sich an Serenus, den Freund, dem Seneca seine Schrift über die Seelenruhe gewidmet hat. Ein Grund für seine seelischen Qualen ist die Diskrepanz zwischen dem, was seine – berechtigten – Bedürfnisse, und dem, was die – ebenfalls berechtigten – Erwartungen der Mitmenschen an ihn sind. Denn beide sind aufeinander angewiesen. So spricht Serenus zum Beispiel einerseits von seiner Liebe zur Sparsamkeit und Zurückhaltung, während doch seine Mitmenschen ebenso Großzügigkeit erwarten, die er ja andererseits auch selbst von ihnen genießt. Wie soll man diesem Dilemma entkommen? Wie sich wenigstens so einrichten, dass dieser Zustand einigermaßen erträglich wird, wenn man ihn vielleicht schon nicht ganz vermeiden kann? Schließlich hatte schon Aristoteles den Menschen als *zõon politikón* bezeichnet, als »Gemeinschaftslebewesen« also. Und dies gilt selbst dann, wenn man sich später weitgehend oder vielleicht auch total aus der Gemeinschaft zurückzieht, um sein Leben in Einsamkeit zu verbringen. Auch dies ist manchmal allerdings keine ganz freiwillige Entscheidung, wie auch der Schriftsteller Hans Krailsheimer (1888–1958) feststellt: *»Allein sein zu müssen ist das schwerste, allein sein zu können das schönste.«*[52] Doch schon die zweite Hälfte des Satzes ist nicht ganz unstrittig. Wird doch, um dies zu erreichen, zumindest erfordert, dass man »mit sich selbst befreundet« ist, eine besondere Form der Freundschaft, der Wilhelm Schmid ein kluges Buch gewidmet hat.[53] Und auch diese setzt voraus, dass man vorher gelernt hat, »umgänglich« zu sein. In jedem Fall wird es notwendig sein, seiner eigenen Selbstüberschätzung Einhalt zu gebieten – und auch zu lernen, sich gegebenenfalls übersteigerten Ansprüchen der Gesellschaft zu entziehen, ihr andererseits zu geben, was ihr zusteht. Auf der Suche nach der richtigen Balance kann das, was wir »Freundschaft« nennen, hilfreich sein, mehr noch als die Familie, der Clan, die Sippe, in denen das Selbst seine früheste Sozialisation erfährt.

Eine der ersten eigenständigen sozialen Lebensleistungen, die wir in unserem Leben erlernen, ist es, Freunde zu gewinnen. Zum ersten Mal überschreiten wir damit selbstständig die engen Grenzen der Familie, deren Geborgenheit nicht nur als beschützend, sondern auch –

jedenfalls in späteren Jahren, meist in der Pubertät – als beengend erfahren wird. Wie der Psychologe Jörg Bopp feststellt, braucht das Individuum nicht nur den Schutz der Familie, sondern auch *vor der* Familie, die immer auch eine starke Neigung zur Vereinnahmung habe.[54] Die Fähigkeit, Freunde zu gewinnen, muss allerdings kultiviert und dahin gehend ergänzt werden, sie auch aufrechtzuerhalten.

In der Geschichte der Philosophie war die Freundschaft seit jeher ein zentrales Thema. Systematisch hat Aristoteles sie im achten und neunten Buch seiner *Nikomachischen Ethik* erstmals erörtert und weist ihr damit ihren »Sitz im Leben zu«, was von Epikur in der Folge, wenn auch mit seiner spezifischen Akzentsetzung, fortgesetzt wird.

Aristoteles unterschied drei Arten der Freundschaft und schuf damit eine seitdem als klassisch geltende Einteilung. Es handelt sich um die Freundschaft aufgrund von Lust, die Freundschaft aufgrund gegenseitigen Nutzens und schließlich um das, was wir »echte Freundschaft« nennen. Bezeichnend für Letztere ist, dass Freundschaft hier um ihrer selbst willen gesucht wird, während bei den beiden anderen – Aristoteles spricht von Freundschaft in einem »akzidentiellen«, das heißt zufälligen Sinn – eben Nutzen oder Lust im Vordergrund stehen und die Freundschaft beeinträchtigt oder gar beendet wird, wenn diese Motive wegfallen oder andere Menschen eher zur Erfüllung von Lust und Nutzen taugen. Am Beispiel des »Geschäftsfreunds« oder des

»Sportsfreunds« kann man das auch heute noch sehen. Erlischt das Interesse an gemeinsamen Tätigkeiten oder Belangen, muss etwas anderes hinzutreten, um die Beziehung als Freundschaft abzusichern. Gleichwohl muss mehr als nur ein gemeinsames Interesse vorliegen, damit man den anderen auch hier als »Freund« bezeichnen kann, zumindest eine gewisse gegenseitige Sympathie.

Anders Epikur. Er gibt eine auf den ersten Blick sehr pragmatische – aber nur scheinbar platte – Erklärung, wenn er sagt, dass jede Freundschaft, sosehr sie auch an sich erstrebenswert ist, zuletzt doch auf Nutzen gegründet sei.[55] Intuitiv werden wir vielleicht eher die Auffassung von Aristoteles sympathisch finden und Freundschaft als Beziehungsform viel höher einschätzen, als dies bei Epikur scheinbar der Fall ist. Doch die Rückführung der Freundschaft auf den Nutzen hat natürlich eine Pointe, wenn Epikur erklärt: *»Zur Freundschaft führt weniger der Wunsch nach dem, was wir von unseren Freunden verlangen, als vielmehr das Bedürfnis nach der Zuversicht, dass wir es von ihnen verlangen dürfen.«*[56] Und auch Aristoteles hatte schon vor Epikur kurz und bündig erklärt: *»Freundschaft ist Hilfe.«*[57]

Was Aristoteles und Epikur allerdings voneinander unterscheidet, ist nicht nur, dass Ersterer im Lieben und nicht im Geliebtwerden, in dem Wunsch, dem anderen Gutes zu tun, mehr als in dem Verlangen, Gutes zu erhalten, die echte Freundschaft ansiedelt, sondern auch die Auffassung, wer als Freund überhaupt infrage kommt. Im klassischen Griechenland, in der Zeit der Stadtstaaten, also vor der Zeit des Hellenismus, war der Freund gleichbedeutend mit dem Bruder, also mit einem Familienmitglied. Nicht zuletzt deshalb bemerkte Aristoteles, dass *»die Gesetzgeber sich mehr um sie* [die Freundschaft] *bemühen als um Gerechtigkeit. Denn die Eintracht hat offenbar eine gewisse Ähnlichkeit mit der Freundschaft.«*[58]

Natürlich ist diese bevorzugte Behandlung der Freundschaft durch den antiken Staat auch vor dem Hintergrund zu sehen, dass es damals kein öffentliches solidarisches Sozialsystem gab. Nichts musste ein Mensch zur damaligen Zeit mehr fürchten als Einsamkeit und Krankheit oder Hilflosigkeit im Alter. Freundschaftliche oder gute verwandtschaftliche Beziehungen waren daher von höchstem Wert. Auch heute erscheint es allerdings wünschenswerter denn je, dass die öffentliche Anerkennung und Unterstützung jeglicher Beziehungen, in denen füreinander Verantwortung übernommen wird, sich auch in der entsprechenden Förderung und im staatlichen Schutz wiederfindet.

Gleiche Herkunft und gleicher Rang garantierten auch die Gleichheit im Staat. Frauen und Fremde sowie Sklaven blieben dagegen ausgeschlossen. Vor diesem Hintergrund erscheint es umso mehr einer Revolution der gesellschaftlichen Verhältnisse gleich, wenn Epikur in seinem »Garten« ebendiese Schranken und Unterschiede aufhob. Umso erstaunlicher allerdings, dass sich trotz der Popularität der epikureischen Schule in der Antike diese uns heute fragwürdig vorkommenden Vorbehalte bis in die Neuzeit durchhielten. Weder Montaigne noch Nietzsche oder andere gestanden etwa zu, dass sich echte, wahre Freundschaft etwa zwischen Personen unterschiedlichen Geschlechts oder zwischen Frauen entwickeln könnte, und das trotz der Hochachtung von Sokrates vor Frauen wie Diotima und Aspasia, wenngleich er von ihnen nur in den platonischen Dialogen erzählt. Keine Rede davon, dass die Damen selbst anwesend gewesen wären beim Austausch philosophischer Gedanken, auch wenn es von Aspasia heißt, sie habe eine Art »philosophischen Salon« in Athen unterhalten, wo die intellektuelle und literarische Elite sich die Klinke in die Hand gegeben haben soll. Epikurs »offene Gesellschaft« mit Freien, Frauen und Sklaven ist ein rühmliches Gegenbeispiel, ansonsten blieben die Herren lieber unter sich, wenn auch Montaigne meint, dass die höchste Form der Freundschaft die wäre, die zwischen Liebenden bestünde, wäre da nicht die Leidenschaft. Und noch der ungarische Schriftsteller Sándor Márai (1900–1989) hat in seinem postum erschienenen Roman *Die Glut*, auf den wir noch zurückkommen werden, Freundschaft als ein Gefühl beschrieben, *»das nur Männer kennen«*.[59] Die gleichzeitige Ablehnung, Leugnung oder Verdammung homoerotischer Bezüge, wie sie im christlich geprägten Abendland traditionell üblich wurde,[60] wäre einem Griechen der Antike allerdings nie in den Sinn gekommen. Schließlich teilen »Liebe« und »Freundschaft« dasselbe Wort: *philía*. Und *phílos* ist sowohl der Geliebte als auch der Freund. Die Befürchtung, die hehre Form der Freundschaft durch eventuelle »niedere Leidenschaften« wie Eifersucht zu beeinträchtigen, mag dabei eine Rolle gespielt haben, ebenso natürlich auch zeitgebundene Vorstellungen vom Verhältnis zwischen den Geschlechtern, zwischen Älteren und Jüngeren oder zwischen Mitgliedern unterschiedlicher Gesellschaftsschichten.

Diese Hochschätzung der Freundschaft blieb ein Thema der Philosophie und der Literatur bis ins 19. Jahrhundert hinein, wo sich als gegenläufige Entwicklung die Familie als Kristallisationspunkt enger persönlicher Bindung in den Vordergrund schob. Noch im Zeitalter der Aufklärung und der Romantik war Freundschaft als Folge der Auflösung der mittelalterlichen Gesellschaftsordnung zum bevorzugten Beziehungsmodell avanciert, bis sich im Zuge der Industrialisierung und der Etablierung bürgerlicher Werte die Familie als Leitnorm durchsetzte. Dadurch wurde Freundschaft als Beziehung zweier Menschen mehr und mehr zu etwas »Zusätzlichem«, zu einem bürgerlichen »Aperçu«, der Freund zum »Freund der Familie« oder zum »Hausfreund«.[61] Bissig hat dies Schopenhauer bestätigt, indem er in seinen *Aphorismen zur Lebensweisheit* anmerkte: *»Die Hausfreunde heißen meistens mit Recht so, indem sie mehr die Freunde des Hauses als des Herrn, also den Katzen ähnlicher als den Hunden sind.«*[62]

Schopenhauer selbst war ein Einzelgänger, was sicher auch durch seine familiären Erfahrungen bedingt war. Er hielt sich zeitlebens einen Pudel, den er nach dessen Ab-

Arthur Schopenhauer mit Pudel, gezeichnet von Wilhelm Busch

leben immer durch einen ähnlich aussehenden ersetzte und beim selben Namen rief: »Atman« (Sanskrit für »Lebenshauch«). Hunde hielt Schopenhauer ohnehin für die treuesten Freunde des Menschen – und es soll vorgekommen sein, dass er seinen Hund zum Gehen mit den Worten »Komm, Mensch« aufforderte. Auch sonst stand er der von so vielen Philosophen und Geistesgrößen hochgeschätzten »wahren Freundschaft« eher skeptisch gegenüber: *»Wie Papiergeld statt des Silbers, so kursieren in der Welt statt der wahren Achtung und der wahren Freundschaft die äußerlichen Demonstrationen und möglichst natürlich mimisierten Gebärden derselben … Jedenfalls gebe ich mehr auf das Schwanzwedeln eines ehrlichen Hundes als auf hundert solche Demonstrationen und Gebärden.«*[63]

Schopenhauers Einstellung zu Freundschaft zeigt jedenfalls schon die »Verfallserscheinungen« der Freundschaft, die durch die gesellschaftlichen Umbrüche im 19. Jahrhundert in Gang gesetzt wurden. Wer nicht – wie er – auf ein stattliches Erbe zurückgreifen konnte, das ihm den Lebensunterhalt sicherte, war jedenfalls mehr und mehr von engen verwandtschaftlichen Beziehungen und damit seinem Rang in der Gesellschaft abhängiger als vormals.

Das Verhältnis von Freundschaft und Familie könnte sich heute allerdings, wo wir uns ebenfalls mit dem Zerfall traditioneller Beziehungsformen konfrontiert sehen, wieder ändern. Denn das »Bedürfnis nach Zuversicht« besteht ja nach wie vor.

Freundschaften und weshalb sie entstehen

Bedürfnis nach Zuversicht sind die Schlüsselworte in dem Epikur-Zitat über den Sinn und Nutzen der Freundschaft. Deshalb handelt die *»Historie der Freundschaft … von der Frage, worauf ein Mensch sich verlassen kann, der auf dieser Welt und nicht in einer anderen Halt sucht«.*[64]

Hätten wir dieses Bedürfnis nicht, wir bräuchten uns um Seelenruhe gar nicht zu bemühen. Wer zuversichtlich ist, ist sich seiner Sache eh schon sicher und wird sich nicht aus der Ruhe bringen lassen. Weil das aber selten der Fall sein dürfte, sind Freunde so unverzichtbar. Andere, die uns weniger nahestehen, werden wir – jedenfalls schon aus Scheu, wenn nicht aus persönlichem Stolz – mit unseren Angelegenheiten in aller Regel nicht behelligen; es sei denn, es handelt sich um einen schlichten geschäftlichen Vorgang. Nicht nur, dass wir ihnen dabei nicht lästig fallen wollen – wir wollen auch in vielen Fällen einfach nicht allzu Persönliches oder Intimes preisgeben, insbesondere nicht, dass wir hilfsbedürftig sind. Ein wichtiges Element der Freundschaftsbeziehung ist daher das Vertrauen, nicht nur darauf, dass der andere uns helfen kann und es tun wird, sondern auch darauf, dass er diskret ist. Diskretion ist dementsprechend ein wichtiger Bestandteil jeglicher Freundschaft. Sie steht in engem Zusammenhang mit dem letzten Rat, den uns Epikur gegeben hat: »Lebe im Verborgenen.« Goethes Gedicht »An den Mond« greift dies romantisch wieder auf: sich vor der Welt verschließen – nicht aus Ablehnung oder Wut auf sie, sondern gerade »ohne Hass«, aber auch nicht alle und jeden an seinen Geheimnissen teilhaben lassen. Geheimnisse zu teilen kann – das wissen wir noch aus Kindertagen – eine der spannendsten, aufregendsten und beglückendsten Seiten von Freundschaft sein. Natürlich gibt es auch »dunkle Geheimnisse«, und sie können für eine Freundschaft auch sehr belastend sein. Zumal, wenn Geheimnisse sich in »Herrschaftswissen« verwandeln können, die den anderen vielleicht kompromittieren könnten. Doch stellt sich natürlich dann die Frage, inwieweit es sich dabei noch um eine Freundschaft handelt. Aber wie entsteht dieses Vertrauen, das für eine Freundschaft unabdingbar ist und auf das sich auch die gemeinsame Teilhabe an Geheimnissen gründet? Wohl nur dadurch, dass die Betreffenden miteinander häufig zu tun haben, sich treffen, sich ständig nahe sind.

Ein häufiger Kontakt lässt diese Vertrautheit entstehen, wenn dafür auch nicht unbedingt das gemeinsame Wohnen unter einem Dach erforderlich ist. *»Freunde, die ihr Leben gemeinsam verbringen, freuen sich aneinander und verschaffen einander Dinge von Wert. Wenn sie aber schlafen oder räumlich getrennt sind, so wirken sie zwar die Werke der Freundschaft nicht, sind aber wegen ihrer Grundhaltung (jederzeit) dazu in der Lage. Denn räumliche Entfernung hebt die Freundschaft nicht einfach auf, sondern nur deren Verwirklichung. Allerdings, wenn die Trennung lange dauert, so läßt sich beobachten, daß sie doch auch die Freundschaft in Vergessenheit bringt. Daher heißt es: ›Oft schon hat fehlender Austausch des Wortes die Freundschaft vernichtet.‹«*[65]

Auch Schopenhauer meint dazu: *»Entfernung und lange Abwesenheit tun jeder Freundschaft Eintrag; so ungern man es gesteht. Denn Menschen, die wir nicht sehn, wären sie auch unsere geliebtesten Freunde, trocknen im Laufe der Jahre allmälig zu abstrakten Begriffen aus, wodurch unsere Teilnahme an ihnen mehr und mehr eine bloß vernünftige, ja traditionelle wird: die lebhafte und tiefgefühlte bleibt denen vorbehalten, die wir vor Augen haben, und wären es auch nur geliebte Tiere.«*[66]

Andererseits zeigen tiefe Freundschaften aus Jugendjahren auch nach Jahren, in denen kaum Kontakt bestand, dass die Freunde in manchen Fällen genau dort wieder anknüpfen können. Adolph von Knigge (1752–1796) riet deshalb: *»Also vernachlässige man seine Jugendfreunde nicht; und wenn auch Schicksale, Reisen und andere Umstände uns in der Welt umhergetrieben und von unseren Gespielen getrennt haben, so suche man doch jene alten Bande wieder anzuknüpfen, und man wird selten übel dabei fahren.«*[67]

Die »Seelenverwandtschaft« ist dabei offenbar, auch wenn sie nicht aktuell gelebt wurde, immer vorhanden. Sicher – das sind Einzelfälle, aber unmöglich ist es nicht und zeigt auch, was es bedeuten kann, »ein Herz und eine Seele« zu sein.

Ein wesentlicher Bestandteil der Freundschaft ist also der gegenseitige, auch geistige Austausch, das Gespräch. Ehe, Lebenspartnerschaft, Elternschaft und die Beziehung zwischen Geschwistern erfahren ebenfalls eine Aufwertung durch Freundschaft. Liebespaare, die zuerst vor allem erotische Anziehung verbindet, können durch Freundschaft ihre Beziehung festigen, auch und gerade dann, wenn der erotische Reiz vielleicht nachlässt (er kann dadurch ja auch wiederbelebt werden). Eltern und Kinder können den notwendigen Ablösungsprozess durch Freundschaft begleiten, wenn Eltern sie als gleichberechtigt ansehen (was gelegentlich gelingt, wenn die Kinder selbst Eltern werden und die Großeltern sich nicht als »allwissend« zum Beispiel in Erziehungsfragen gerieren), wobei Mütter und Töchter es anscheinend eher fertigbringen, diese Partnerschaft »auf Augenhöhe« zu heben, als Väter und Söhne, die nicht selten ein Konkurrenzverhältnis aufrechterhalten.

Entscheidend ist für alle Formen der Beziehung, die durch Freundschaft ergänzt, aufgewertet oder abgelöst werden sollen, dass kein prinzipielles Machtgefälle, kein Autoritätsgefälle (mehr) besteht, kein Abhängigkeitsverhältnis. Freundschaft ist eine Beziehung unter prinzipiell Gleichen mit gleichen Rechten und Pflichten und – ja, auch – Ansprüchen. Erst dieses Gleichgewicht der Beziehung macht das Wesentliche der Freundschaft aus, sie ist kein Herrschaftsverhältnis, weshalb sie – nochmals – auch ein geeigneter Platz zum Wahren von Geheimnissen ist. Aber ihr besonderes Kennzeichen ist die Freiwilligkeit, mit der die Pflichten übernommen werden. Das heißt freilich nicht, dass nicht punktuell einer die Führung übernehmen kann, zumal dann, wenn der andere sich momentan schwach oder außerstande sieht, bestimmte Anforderungen zu erfüllen, und sich daher der Führung des anderen anvertraut.

In der Freundschaft sah Epikur – mehr als in Ehe und Familie und auch der staatlichen Gemeinschaft – die Art der zwischenmenschlichen Beziehung, die dem persönlichen Streben nach Glück und Ruhe am besten entsprach: *»Von allem, was Weisheit zur Glückseligkeit des ganzen Lebens bereitstellt, ist weitaus das Größte die Erwerbung der Freundschaft.«*[68] In ihr erblickten Epikur und seine Anhänger nicht allein die Mitmenschlichkeit an sich, sondern begriffen sie ebenso als eine Abwehr gegen Anfeindungen von außen. Der »Garten« war daher auch wesentlich ein Refugium für befreundete Menschen, die einander durch Weltanschauung und die darauf gegründete Lebenspraxis verbunden waren.

Bei aller hohen Wertschätzung der Freundschaft als intimer Beziehungsform sollten wir allerdings nicht der Versuchung erliegen, Staat, Gesellschaft und Freundschaftskultur gegeneinander auszuspielen. Freundschaft ersetzt nicht Politik und Gesellschaft und auch keine Arbeitsverhältnisse. Sie stehen auch nicht in Konkurrenz zueinander, sondern wenn hier überhaupt eine Verbindung vorliegt, dann handelt es sich um ein Komplementaritätsverhältnis nach dem Motto »das eine tun, das andere nicht lassen«. Vielleicht liegt hier das größte Missverständnis, wenn wir zum Beispiel von »Parteifreunden« sprechen, also Menschen, die sich für gesellschaftliche Ziele in einer weltanschaulichen Gruppe zusammenfinden. Es ist ein Irrtum zu meinen, diese müssten auch untereinander befreundet sein – sie sind »Freunde des Parteiprogramms« und einer Gesellschaft, in der möglichst viel von diesem verwirklicht wird. Unter ihnen beim Ringen um Einfluss und Macht so etwas wie echte Freundschaft anzunehmen ist reichlich naiv, weshalb die boshafte Klimax »Feind – Todfeind – Parteifreund« nach wie vor ihre Berechtigung zu haben scheint. Wahrscheinlich war es diese Erfahrung, die den Alten Fritz einmal sagen ließ: *»Gott bewahre uns vor* *unseren Freunden. Vor unseren Feinden können wir uns selbst schützen.«*

Die Regel ist das freilich glücklicherweise nicht. Und deshalb könnte auch gelten: Auch und gerade heute, wenn wir erleben, wie staatliche Strukturen zugunsten anderer, staatenübergreifender Konstrukte abgebaut werden und beispielsweise das Politische zugunsten des Ökonomischen verdrängt wird, könnte erneut die Stunde der Freundschaftsbeziehungen schlagen – nicht als Seilschaft oder »Vitamin B«, das ja nur der »Freundschaft aus Nutzen« oder maximal der »Freundschaft aus Lust« entspräche, sondern als echte, um ihrer selbst willen gesuchte Beziehung. Sie erwiese sich auch hier wieder als »Fels in der Brandung« und könnte erneut ihre Tragfähigkeit gegenüber anderen Beziehungsformen unter Beweis stellen.

Der Stoiker würde sich zwar nicht dieser gesellschaftlichen Entwicklung entgegenstemmen, aber sein Glück weiter in einem vorbildlichen, tugendhaften Leben suchen und seinen Prinzipien treu bleiben. Der Epikureer allerdings fügt sich nicht nur ungern Bedingungen, die das individuelle Streben nach Glück und Seelenruhe mehr behindern als fördern, sondern sieht in ihnen auch einen unzulässigen Eingriff in seine Persönlichkeit. All diesen Formen wohnt doch zumindest die Tendenz zur Totalität inne, zur Vereinnahmung, weshalb ihm der Rückzug auf die privaten Beziehungen opportun erscheint. Aber auch wenn er sich diesem Sog zur Totalität verweigert, ist der Epikureer doch keiner, der sich in die totale Isolation zurückzieht. Vielmehr wird er auch für seine Belange und die Gleichgesinnter eintreten, auch wenn es ihm schwerfällt. Seine *social skills* befähigen ihn zur Seelenruhe, wenn er sich geänderten Lebensumständen fügen muss, nicht »stoische Askese«, Verzichtsbereitschaft und Unerschütterlichkeit angesichts unvermeidbarer (»alternativloser«) Beeinträchtigungen des persönlichen Lebens in unruhigen Zeiten.

Frei von Spannungen ist sicher auch die Freundschaft kaum, nur ist sie selbst als Beziehung frei gewählt. Und folglich ist auch der freundschaftliche Umgang untereinander bei Differenzen ein anderer. *»Ein Freund ist, wer dir beisteht, wenn du im Unrecht bist. Wenn du im Recht bist, steht dir jeder bei«*, stellte Mark Twain (1835–1910) einmal fest. – Beistehen, wenn man im Unrecht ist, kann das wirklich eine Motivation sein? Doch ein Freund ist nicht jemand, der Unrecht gutheißt, sondern der darauf hinweist, dass jemand nicht mit der Sache, um die es geht, gleichzusetzen ist. Wer Fehler gemacht hat, auch wer Schuld auf sich geladen hat, ist nicht das »personifizierte Unrecht«, der Sündenbock, an dem sich andere schadlos halten, auf den sie selbstgerecht mit dem Finger zeigen können, die so lange zu jemandem halten, wie es sich für sie lohnt, und die abspringen, wenn es ihnen zu schaden beginnt oder ihr Ansehen in Mitleidenschaft gezogen werden könnte. Im Deutschen lautet das Sprichwort: *»Freunde in der Not gehen tausend auf ein Lot.«* In solchen Situationen zeigt sich am deutlichsten, wer ein wahrer Freund ist.

Während man im Recht immer »ohne Ansehen der Person« urteilen sollte und muss, kann dies ein Freund gerade nicht tun – er muss die Person betrachten, mit der er befreundet ist. Zur objektiven Rechtsprechung taugt ein Freund daher nicht, zur Verteidigung schon. Und hier ganz besonders zeigt sich die Freundschaft als Vermittler des eingangs genannten Dilemmas, dem sich das Individuum ausgesetzt sieht: dem zwischen den individuellen, den privaten und den gesellschaftlichen Ansprüchen.

Doch gibt es deshalb nur »den einen«, »die eine« – wie der Ausspruch des Aristoteles nahelegt: *»Keinen Freund hat, wer viele Freunde hat«*[69]? Oder, wie es häufig auch heißt: Wer (viele) Freunde hat, hat keinen (wahren) Freund. Wobei natürlich schon eine Schwierigkeit auftauchen kann: Wie, wenn die Freunde untereinander nicht Freunde oder Freunde in diesem ausgezeichneten Sinne sind, sondern vielleicht nur »Bekannte«? Wenn sie sich nicht so nahestehen wie zwei Freunde? Kann es dann nicht zu Rivalitäten kommen, die das Ende der Seelenruhe bedeuten? Geht wahre Freundschaft nur um den Preis des Rückzugs der anderen, vielleicht nicht so engen Freunde? Sind unterschiedliche Grade der Freundschaft ein Indiz dafür, dass Aristoteles recht haben könnte, Freundschaft auf ein Paar zu beschränken? Wie weit geht die Intimität, die Vertrautheit in einer Freundschaft?

Sicher wird hier jede(r) aufgrund seiner Erfahrungen verschiedene Grade von Vertrauen besitzen. Und auch wenn Freunde sich untereinander – zumindest in gewisser Weise – vertrauen, kann das hilfreich sein, etwa dann, wenn sich ein Einzelner überfordert fühlt von einer Situation, die ihm ein Freund anvertraut hat. Gleichwohl: Dass der Kreis derjenigen, die ins Vertrauen gezogen werden, sehr überschaubar bleibt, dafür werden die Beteiligten dann schon aus Eigeninteresse selbst sorgen.

Was eine Freundschaft vor allen anderen Beziehungen auszeichnet, ist gegenseitiges Vertrauen. Sicher, auch andere Beziehungen benötigen Vertrauen, aber bei der Freundschaft gilt das in besonderem Maße. Denn das Vertrauen in den anderen bei den übrigen Beziehungen beruht auf dem schon erwähnten Autoritätsgefälle. Kinder vertrauen ihren Eltern, weil sie ihnen als Einzige Sicherheit gewähren können. Umgekehrt ist es bei den Eltern ein Lernprozess, der mehr und mehr darin mündet, ihre Kinder in die Selbstständigkeit zu entlassen. Freunde vertrauen einander, weil sie sich *gegenseitig* auf sich verlassen können. Es ist ihre einzige Basis, vor der jede Form der Berechnung sich als unzureichend erweist. Sogar wenn man sich vielleicht selbst misstraut, kann ein Freund dieses Vertrauen wiederherstellen. Im Hinblick auf seine Freundschaft mit Étienne de La Boétie (1530–1563) stellt Montaigne fest: *»Unsere Seelen sind derart einträchtig im Gespann gegangen und haben sich mit derart glühender Liebe bis ins innerste Innere hinein wechselseitig offenbart, daß ich nicht nur seine wie die meine kannte, sondern mich sogar bereitwilliger ihm anvertraut hätte als mir selbst.«*[70]

Ein Freund ist wie ein Spiegel, der die besten Seiten des anderen zum Vorschein bringt, der nicht zulässt, dass der andere sich aufgibt und verliert. Auf der Reise zu unserer inneren Mitte ist er von nicht zu unterschätzender Bedeutung als jemand, der uns Kurs zu halten hilft, um unser Schiff durch die Klippen der Existenz zu bringen. Seneca hat dies beispielhaft mit Serenus gezeigt. Die Unsicherheit seines Freundes hinsichtlich seines Strebens nach Seelenruhe hat er ausgeräumt, indem er ihm zeigte, was er alles schon erreicht hat, wie weit er schon gekommen ist.

In Epikurs »Garten« war das Zusammenleben Regeln unterworfen, die fast eine klösterliche Gemeinschaft nahelegen. Dazu gehörten auch »Beichtgespräche«, in denen den Beteiligten ins Gewissen geredet, sie für Fehlverhalten getadelt wurden, aber ebenso Zuspruch und Ermutigung erfuhren. Eine der vornehmsten Freundespflichten ist ja auch und gerade die freimütige Kritik und Aussprache. Das, was in der Öffentlichkeit nicht erörtert werden kann, ohne den anderen bloßzustellen, ohne ihn »unmöglich« zu machen, ist in der Freundschaft möglich. In der christlichen Tradition spricht man von der *correctio fraterna*, der »brüderlichen Zurechtweisung«, nennen wir sie neutraler »liebevolle Kritik«. Sie kann nur deshalb vom Betreffenden akzeptiert werden, weil er sicher sein kann, nicht in Gänze vom Freund abgelehnt oder auch nur ansatzweise verachtet und »in Grund und Boden« kritisiert zu werden. Auch deshalb ist Freundschaft eine Quelle der Seelenruhe, weil sie davon entlastet, eine Rolle spielen zu müssen, weil sie erlaubt, ja auch dazu ermutigt, als Selbst hinter der Maske der Person hervorzutreten.

Aber nicht nur Zusammenstehen in schwieriger Zeit zeichnet Freundschaft aus, sondern ebenso die Leichtigkeit, ja, der Leichtsinn, die durch das Zusammensein entsteht. Montaigne zitiert einige Beispiele aus der Antike: zwei römische Offiziere, die vor einem entscheidenden Einsatz am nächsten Tag noch wie kleine Jungen herumalbern und Kieselsteine um die Wette über das Wasser springen lassen, andere, die sich scherzend unterhalten und gemeinsam zechen, obwohl sie nicht wissen, ob sie den nächsten Tag überleben – Freundschaft macht auch schwierige Situationen leichter, selbst bedrohliche oder aussichtslose. Ernste Situationen erträglich machen, das kann man in jeglicher Lage gebrauchen: Krankheiten, Schicksalsschläge dank der Unterstützung oder auch einfach des Daseins von Freunden besser aushalten oder überwinden zu können ist kein geringer Freundschaftsdienst.

Und es ist keine Einbahnstraße. Denn Freundschaft zeigt sich nicht nur darin, dass man mit seiner Stärke den anderen unterstützen kann, sondern auch darin, dass der »Schwächere« sich traut, dies dem Freund zuzumuten und Hilfe nicht nur anzunehmen, sondern auch zu erbitten. Dies ist ebenfalls ein Vertrauensbeweis. Beispiele nennt wiederum Montaigne, wenn er von Diogenes berichtet, dieser habe, wenn er Geld nötig hatte, gesagt, er werde welches von seinen Freunden *zurück*erbitten, weil sie es ihm ja aus Freundespflicht schuldeten. Oder von jenem, der, völlig verarmt, seine beiden besten Freunde im Testament bedachte, indem er ihnen die Sorge um seine Angehörigen übertrug. Ein Denken, das uns fast ungehörig vorkommt in den heutigen, egozentrierten Zeiten, in denen uns immer wieder als Überlebensmerkmal eingebläut wird, sich selbst der Nächste zu sein. Doch ein Wechsel der Blickrichtung kann manchmal erstaunliche Perspektiven eröffnen – und den Horizont erweitern. Auch dies ist keine geringe Leistung für eine Freundschaft.

Das philosophische Freundschaftsideal wurde von der Antike bis in die Neuzeit immer wieder erörtert. Bezeichnenderweise schilderten vor allem die Betroffenen selbst – oft in der Rückschau –, wie sich ihre Beziehung zu einem bestimmten Menschen gestaltete und wie unvergleichlich sie war. Ob Laelius in Ciceros Dialog *De amicitia* seine Freundschaft zu Scipio Africanus, ob Montaigne die seine mit Étienne de La Boétie – die Protagonisten werden nicht müde und scheuen sich nicht, die Charaktervorzüge des Freundes, an denen sie selbstredend partizipieren, zu preisen.

Wozu aber soll man sich um eine so hohe Form der Freundschaft bemühen, wenn, wie Montaigne schreibt, *»es schon viel ist, wenn dies dem Schicksal alle drei Jahrhunderte einmal gelingt«*,[71] und auch Schopenhauer argwöhnt: *»Wahre, echte Freundschaft setzt eine starke, rein objektive und völlig uninteressierte Teilnahme am Wohl des andern voraus … Dem steht der Egoismus der menschlichen Natur so sehr entgegen, daß wahre Freundschaft zu den Dingen gehört, von denen man wie von den kolossalen Seeschlangen nicht weiß, ob sie fabelhaft sind oder irgendwo existieren.«*[72]

Geht's folglich nicht eine Nummer kleiner? Weshalb soll ich einem Menschen noch zugeneigt sein, wenn er mich eventuell sogar enttäuscht? Wie weit darf die gegenseitige Zuneigung gehen? Was ist die Norm, an der Freundschaft sich als solche erweist oder vielleicht auch letztlich scheitert? Was hat Priorität? Das gemeinsame Ziel oder persönliche Wertschätzung?

Wenn jedem Anfang ein Zauber innewohnt, dürfte es schwer sein, den Beginn einer Freundschaft wirklich zu datieren. Aber ist das so wichtig? Ist es nicht viel eher so, dass von Freundschaft nicht am Beginn, sondern erst dann gesprochen werden kann, wenn die Beteiligten schon eine beträchtliche Zeit miteinander Erfahrungen gemacht haben? Sich vorsichtig einander angenähert haben? Ein Auf und Ab erlebt? Was bewegt zwei oder drei oder auch mehr Menschen zu dem Entschluss, in ihrer Beziehung mehr als nur eine flüchtige Bekanntschaft, mehr als »nur« eine Kameradschaft zu sehen?

Die traditionell hochgeschätzte Exklusivität der Freundschaft hat mit Sicherheit ihre Berechtigung, aber auch ihre Grenzen. Allerdings besteht ein Geheimnis ihres Gelingens auch darin, den Freund oder die Freundin nicht zu überfordern. Es kann zur Freundespflicht gehören – und trägt mit Sicherheit auch zur ersehnten Seelenruhe aller Beteiligten bei –, nicht nur die Ruhe beim anderen zu suchen, sondern auch mal Ruhe zu geben. Nicht alle Fragen, auch nicht alle drängenden, können beantwortet werden. Selbst die vollkommenste Freundschaft droht zu scheitern, wenn wir durch sie alle Fragen beantwortet, alle Sehnsüchte erfüllt sehen wollen. Die Liebe zum Freund und zur Freundin kann sich auch darin zeigen, nicht alles an- und aussprechen zu müssen. Vielleicht ist dies das Geheimnis (das »Mystische«), das sich zeigt und von dem Wittgenstein am Ende seines Erstwerkes *Tractatus logico-philosophicus* spricht: *»Wir fühlen, daß, selbst wenn alle möglichen wissenschaftlichen Fragen beantwortet sind, unsere Lebensprobleme noch gar nicht berührt sind. Freilich bleibt dann eben keine Frage mehr; und eben dies ist die Antwort … Die Lösung des Problems des Lebens merkt man am Verschwinden dieses Problems. (Ist nicht dies der Grund, warum Menschen, denen der Sinn des Lebens nach langen Zweifeln klar wurde, warum diese dann nicht sagen konnten, worin dieser Sinn bestand?) … Es gibt allerdings Unaussprechliches. Dies* zeigt *sich, es ist das Mystische.«*[73]

In der Freundschaft kann sich so etwas ereignen. Und auch wenn gilt: *»Wovon man nicht sprechen kann, darüber muss man schweigen«*,[74] kann es doch auch ein »beredtes Schweigen« sein. Das heißt allerdings nicht, wie Wittgenstein meint, dass das, was nicht gesagt werden kann, bedeutungslos oder »unsinnig« sei. Ich kann es nur sprachlogisch nicht eindeutig formulieren. Das ist alles. Es ist schon eine steile These, dass nach Beantwortung aller wissenschaftlichen Fragen keine Fragen mehr bleiben sollen beziehungsweise dass dies dann die Antwort sei. Die Grenzen meiner Sprache bedeuten halt doch nicht unbedingt die Grenzen meiner Welt.[75] Und der Ausdruck kann auch jenseits der Sprache stattfinden. Wie sonst erklärt man sich, dass Menschen gemeinsam von Musik oder einem Kunstwerk »angesprochen« werden? Und dass dies sogar in stillem Einvernehmen geschehen kann?

Die Lösung der Frage nach dem Sinn des Lebens kann nicht darin bestehen, dass sie sich einfach in nichts auflöst. Natürlich können wir uns jetzt fragen, ob das »Unaussprechliche« nicht auch eine Freundschaft zerstören, zumindest aber beeinträchtigen kann. Unaussprechliches nicht. Doch vielleicht Unausgesprochenes, das gesagt werden könnte oder vielleicht sogar müsste. Wo aber die Grenze ist, entscheiden allein die Beteiligten. Denn dem Ungesagten entspricht ein »Nicht-wissen-Wollen«, das auch zu respektieren ist.

In seinem schon erwähnten Roman *Die Glut* schildert Sándor Márai eine solche Situation. Die Geschichte spielt Anfang der Vierzigerjahre des 20. Jahrhunderts in Ungarn. Zwei alte Offizierskameraden aus k.u.k. Zeiten, die Jugendfreunde Henrik und Konrád, sehen sich nach Jahrzehnten wieder. Zwischen ihnen steht ein Geheimnis. Was war der Grund für das plötzliche Verschwinden von Konrád, warum das »Abtauchen« und das jahrzehntelange Schweigen? Stimmt es, dass er während der letzten gemeinsamen Jagd hinterrücks mit dem Gewehr auf den Freund anlegte und mit Krisztina, der Frau Henriks, eine Affäre hatte? War das der Grund für seine Flucht, der Anlass, das Land zu verlassen und so lange nichts von sich hören zu lassen? Und – die drängendste Frage: Wusste Krisztina von dem geplanten Mord an Henrik? War sie eingeweiht, gar Komplizin? Krisztina war seit dem Tag von Konráds Verschwinden verstummt und ist mittlerweile verstorben. Die Antwort, die Henrik von Konrád verlangt, bleibt aus, und auch Krisztinas Tagebuch, das die Antwort enthält, wirft Henrik ungeöffnet am Ende der Begegnung ins Kaminfeuer. Freundschaft kann auch bedeuten, nicht alle Zweifel auszuräumen, sondern sie gegebenenfalls auszuhalten. Freundschaft kann eine Schicksalsgemeinschaft sein, die die Beteiligten zusammenhält, in der sie sich auf Gedeih und Verderb gegenseitig ausliefern.

Neben der Frage des persönlichen Verhältnisses zwischen Freunden und wie sie es gestalten und gegebenenfalls aushalten, steht die Frage: Was bedeutet Freundschaft, was Treue und Verlässlichkeit zu einer Zeit, in der eine alte Welt zusammenbricht, traditionelle Werte an Bedeutung einbüßen und Ordnungen aller Art infrage gestellt werden? – Wie kann Freundschaft als eine, nein, vielleicht einzige dauerhafte Beziehungsform überleben? Der Fels in der Brandung sein, der Anker im tosenden Meer?

Und was passiert, wenn diese intimste Beziehung unmöglich gemacht werden soll? Angezweifelt? Von außen bedroht? Wenn sie selbst vielleicht zum Verhängnis werden kann? Wie weit geht Treue? In seinem Essay über die Freundschaft berichtet Montaigne vom Beispiel des Caius Blossius, engster Freund des wegen Aufruhrs getöteten Tiberius Gracchus,[76] der auf die Fangfrage, wie weit er in seiner Loyalität zum Freund gegangen wäre, einräumte, er würde auf das Geheiß des Tiberius auch das Kapitol angezündet haben. Montaigne jedenfalls bemerkt hierzu: »*Falls er tatsächlich ein so rückhaltloser Freund des Gracchus war … hätte (es) genügt, einfach darauf zu bestehn, dass er sich der Absichten des Gracchus völlig sicher sei. Jenen aber, die seine Antwort als aufrührerisch verurteilen, bleibt das Geheimnis einer solchen Freundschaft verborgen, weil sie sich nicht vorstellen können, wie sich die Sache wirklich verhielt.*«[77]

Nun, und wie verhielt sie sich? Montaigne ist sicher, dass Caius Blossius seinen Freund um der Freundschaft willen von dem Frevel hätte abhalten können. Um der Freundschaft willen – nicht aufgrund ihrer Bürgerpflichten dem Staat gegenüber!

Noch einmal zeigt sich hier die Wertschätzung der Freundschaft, die auch Pflichten gegenüber dem Gemeinwesen übersteigt – und auch, wie sich Freundschaft als Dienst an der Gemeinschaft ebenso bewährt wie am Einzelnen.

Freundschaft mit sich selbst

Sagte ich vorhin, dass Aristoteles drei Klassen von Freundschaften in seiner *Nikomachischen Ethik* unterschied? Nun, dann habe ich bisher eine unterschlagen. Gegen Ende seiner Abhandlungen über die Freundschaft kommt Aristoteles nämlich auf die Frage zu sprechen, ob man in erster Linie sich selbst oder einen anderen lieben soll. Die Frage nach dem Verhältnis von Selbst- und Nächsten- oder auch Freundesliebe ist also um einiges älter und auch nicht kulturell bedingt. Sie findet sich im Übrigen auch schon im Alten Testament (Lev 19, 18). Sie ist eine anthropologische Konstante. Wer sich selbst keine Wertschätzung entgegenbringt, wie soll er es anderen gegenüber tun können?

Selbstliebe, das ist der Teil des Liebesgebotes, der in der christlichen Tradition allerdings häufig vernachlässigt, wenn nicht unterschlagen wurde zugunsten einer Nächstenliebe, die mehr Selbstverleugnung und Selbstaufgabe war und sich das Jesuswort von Nachfolge und Selbstverleugnung (Mk 8, 34) mehr zu Herzen nahm als das von ihm gleichfalls überlieferte Wort von der Selbst- und Nächstenliebe (Mt 19, 19). Dabei ist sie – recht betrachtet – die Grundlage dafür, sich überhaupt auf andere einlassen zu können. Natürlich liegt der Verdacht nicht fern, es handle sich auch bei der Nächstenliebe um nichts anderes als einen ausgefeilten Egoismus. Und in Alltagsgesprächen kommt dies auch immer wieder so zum Ausdruck, so, wenn die Meinung geäußert wird, dass »recht verstandener Egoismus« auch ein Altruismus sei, Altruismus quasi die berechnende Art und Weise nach dem Motto *Do ut des* – »Ich gebe, damit du gibst«. Das ist jedoch nur eine recht oberflächliche Betrachtung. Tatsächlich geht die Sache tiefer. Denn um mich selbst lieben zu können, um mir selbst Gutes tun zu können, muss ich auch ein Verhältnis zu mir haben. Ich muss mich also einerseits als einen anderen sehen, als ich bin, andererseits mich als »ich selbst« verstehen. Das geht aber nur, wenn ich mir ein- und auch zugestehe, dass ich eben nicht nur ein einziges, wenn auch ein bestimmtes Selbst bin – oder, wie ein bekannter Buchtitel die Sache auf den Punkt bringt: *Wer bin ich und wenn ja, wie viele?*[78] – »Ich« sind also viele, jedenfalls mehr als einer.

Allein schon diese Tatsache macht es dem Individuum (passt der Ausdruck vom »Ungeteiltsein« hier eigentlich noch?) eigentlich unmöglich, in einer egoistischen, selbstbezüglichen oder narzisstischen Haltung zu verharren. Selbstbeziehung ist nicht Selbstbezogenheit. In der Selbstbezogenheit verschließe ich mich nicht nur anderen, sondern auch mir gegenüber. Mit anderen Worten: Auch als »Selbst« mit einer Beziehung zu mir selbst bin ich prinzipiell ein Mensch, der für die Beziehung zu anderen »offen« ist. Eine egozentrierte Haltung würde genau das verhindern, würde mich in meiner Vielseitigkeit und Vielheit ablehnen, eine Seite überbetonen, die anderen ignorieren oder ablehnen. Gerade die Vielfältigkeit in der eigenen Person fordert zur prinzipiellen Offenheit zu anderen auf.

Das gilt insbesondere dann, wenn ich mit mir selbst nicht mehr klarkomme, was wahrscheinlich ist, weil ich natürlich nicht alle »Selbste« in mir wirklich sympathisch finde, jedenfalls, wenn ich mich und sie einigermaßen vorbehaltlos betrachte. Da kommt dann teilweise auch Widersprüchliches heraus. *»Ich war mir selbst zur großen Frage geworden«*,[79] brachte es Augustinus

(354–430) in seinen *Bekenntnissen* auf den Punkt. Und wie schwierig es ist, sich mit seinen Begrenztheiten zu akzeptieren, vorbehaltlos zu sagen: »So bin ich«, sich dabei »nichts vorzumachen«, nichts vorspielen zu müssen (wer beobachtet jemanden schon dabei?), weiß jeder selbst. Allein das Gesicht, das uns morgens in aller Regel aus dem Spiegel entgegenblickt, scheint uns nicht selten schon fremd zu sein. Wie erst, wenn es um »tieferliegende« Fragen geht?

Nicht zuletzt deshalb lautete eine der bekanntesten Inschriften am Apollotempel zu Delphi: »Erkenne dich selbst.« Die zunächst »negative« Bestimmung (»Ich bin nicht … vollkommen, allwissend, allmächtig, göttlich, unsterblich …«) hat als Kehrseite die positive Erkenntnis meiner Möglichkeiten und Fähigkeiten: Nicht dieses, aber jenes kann ich oder habe ich oder bin ich. Bleibe ich im Negativen, fixiere ich mich nur darauf, was ich *nicht* bin oder habe oder kann, dann versage ich mir selbst diese positive Sichtweise. Zwei Ursachen dafür nennt wiederum Schopenhauer: Neid und Langeweile. Zwar ist der Neid dem Menschen natürlich, wie er feststellt, *»dennoch ist er ein Laster und ein Unglück zugleich«*. Und: *»Der Neid der Menschen zeigt an, wie unglücklich sie selbst fühlen; ihre beständige Aufmerksamkeit auf fremdes Tun und Lassen, wie sie sich langweilen.«*[80] Langeweile ist die Erfahrung der eigenen Leere: Ich kann mit mir nichts anfangen, die Konsequenz ist die »Zerstreuung«, das »Sich-Verausgaben« im Außen, die Sucht nach Aufregung und Abwechslung. Zwar muss man nicht wie

Delphi, Apollotempel; nach antiker griechischer Auffassung befand sich hier der Mittelpunkt der Welt

Schopenhauer gleich die Geselligkeit, mit der ich die Langeweile vertreiben will, total ablehnen, aber man sollte sich im Klaren darüber sein, dass diese die eigene Leere nur mühsam und notdürftig, wenn überhaupt, erfüllt, wenn sie als Ersatz für das eigene Selbst genommen wird.

Und wie soll oder kann ich diesen beiden Fallen entgehen? Schopenhauer verweist auf Seneca: *»Das Unsere gefalle uns ohne Vergleich, niemals wird … glücklich, wem ein Glücklicherer Qual bereitet.«*[81]

Der Neid und seine ebenso schwierige Schwester, die Eifersucht – die laut Franz Grillparzer (1791–1872)

eine Leidenschaft ist, die mit Eifer sucht, was Leiden schafft –, verstellen den Blick auf das eigene Wertvolle, das man hat, sind eigentlich »autoaggressiv«, etwas, was auch Grillparzers französischer Schriftstellerkollege Honoré de Balzac (1799–1850) feststellte: Eifersüchtig sein heiße nicht, an seiner Frau, sondern an sich selbst zu zweifeln. Und in gewisser Weise gilt das auch für die Langeweile. Wie die Leere ausfüllen, die sie offenbart? Doch während Neid und Eifersucht meist nur vermeintliche Leerstellen aufzeigen, auf etwas hinweisen, was ich anderen nicht gönne, weil ich es selbst nicht habe oder bin (und dabei außer Acht lasse, was ich im Gegensatz zu ihnen wirklich habe oder bin), haben wir es bei der Langeweile mit einer tatsächlichen Leere zu tun, die sich aus der Unzufriedenheit mit dem Vorhandenen oder Erreichten speist, das mir nicht (mehr) genügt, das sich »abgenutzt« hat. – Der innere Zwiespalt, der dadurch entsteht, kann letztlich nur durch eine Entscheidung zur Selbstversöhnung überwunden werden. Dazu ist es nicht allein nötig zu akzeptieren, was man ist, sondern auch, was man *geworden* ist, beziehungsweise das, was man nicht erreicht hat. Es ist eine Versöhnung mit der Vergangenheit, mit »verfehlten Zielen«, begrabenen Hoffnungen und Wünschen und die Bejahung des Status quo, um den nächsten Schritt machen zu können: So, wie es ist, ist es gut.

Langeweile ist der Stachel im Fleisch, der mich antreibt, das Beste aus mir zu machen, wie auch Ralph Waldo Emerson (1803–1882) rät (mehr dazu im nächsten Kapitel). Um die Langeweile zu verbannen, komme ich nicht umhin, mein Selbst zu kultivieren, nicht nur, um mir selbst zu genügen, sondern auch, um für andere, deren Zustimmung und Nähe ich suche, liebenswert zu werden. Es ist – wie von Knigge feststellt – eine Pflicht gegen uns selbst, die bedeutet: Mache dir keine Langeweile. Die Ruhe, die sich von selbst einstellt, wenn wir durch uns für uns gesorgt haben, eröffnet die Möglichkeit, sich anderen zuzuwenden, die sich dann auch uns zuwenden können, um uns wieder zu bereichern.

Auch für das Verhältnis zu sich selbst gilt allerdings die zweite Mahnung, die als Inschrift auf dem Apollotempel berühmt geworden ist: nichts im Übermaß. Bezogen auf die Selbstliebe und Selbstfreundschaft heißt dies auch hier: nicht um jeden Preis und bis zur letzten Konsequenz alle und vor allem keine »letzten« Fragen beantworten oder lösen zu wollen, bis man sich anderen wieder zuwenden kann oder will. Von sich absehen, nachdem man ein neues – und gutes – Verhältnis zu sich selbst gewonnen hat, ist die nächste Stufe, die wir erklimmen, um Seelenruhe zu erreichen.

4

Das Leben ist ein Spiel

Er hieß Angelo, also »Engel«. Und diesen Namen trug er auch die weitaus längste Zeit seines Lebens. Erst im bereits hohen Alter von 76 Jahren nahm er einen neuen Namen an und nannte sich fortan Giovanni. Das war Ende Oktober 1958. Der Anlass: Das Kardinalskollegium in Rom hatte Angelo Giuseppe Roncalli zum Papst gewählt. Als Johannes XXIII., der mutige und aktive Konzilspapst, ging er in die Geschichte ein, im April 2014 wurde er sogar zum Heiligen.

Ein junger Bischof soll ihn einmal um seinen Rat gebeten haben. Sein Verantwortungsbewusstsein und die Furcht, den Ansprüchen seiner Stellung nicht gerecht werden zu können, raubten ihm den Schlaf. Da habe der Pontifex gelächelt und gesagt: *»Als ich zum Papst gewählt wurde, bin ich erschrocken vor der Würde dieses Amtes, und ich konnte auch eine Zeitlang überhaupt nicht mehr schlafen. Einmal bin ich doch kurz eingenickt, da erschien mir ein Engel im Traum, und ich erzählte ihm meine Not. Daraufhin sagte der Engel: ›Giovanni, nimm dich nicht so wichtig.‹ Seitdem kann ich wunderbar schlafen.«*

»… nimm dich nicht so wichtig«: welch wunderbarer, erleichternder Satz, was für eine Erlösung! Vielleicht war es sein »Alter Ego« Angelo, das ihm dies zuflüsterte. Aber das ist zweitrangig. Es zeugt jedenfalls von einer tiefen Einsicht, zuallererst einmal von der, dass Giovanni im Gegensatz zu Angelo in erster Linie eine »Rolle« ist und Angelo derjenige, der sie spielt.

Ob als Papst, Vorstandsvorsitzender oder Minister – oder auch in jeder beliebigen anderen Rolle, die mit Verantwortung verbunden ist (und es gibt ja kaum welche, die es nicht sind, auch Mutter, Vater, Bankangestellter, Lehrerin, Kassiererin im Supermarkt, Taxifahrer oder Krankenschwester …), die gar nicht so herausragend oder »etwas Besonderes« sein muss –: Du bist nicht mit der Funktion identisch, in der dich andere sehen. Um sich dessen bewusst zu werden, braucht man seinen Namen natürlich nicht zu ändern, es geht auch so. Ich rufe mir diese Anekdote gelegentlich gern in Erinnerung. Sie verschafft mir eine Atempause und den notwendigen Abstand, um etwas in Ruhe – und aus anderer Perspektive – zu betrachten, was mich beschäftigt. Einerseits.

Andererseits hat die Sache natürlich einen Haken. Denn auch wenn wir davon überzeugt sind, dass wir uns selbst ja gar nicht so wichtig nehmen, wollen wir doch, dass das, was wir tun, wichtig und bedeutend ist. Für die Anerkennung durch andere, aber auch aus persönlichem Ehrgeiz. »Wer, wenn nicht ich …?«, sind wir versucht zu fragen. Wir wollen unsere Rolle gut spielen, zeigen, dass wir für sie am besten geeignet sind, dass wir ihr gerecht werden können. Mag sein, dass es uns dann so scheint oder wir den Anschein erwecken, als würden wir in den Hintergrund treten »um der Sache willen«. Aber wenn wir ein klein wenig ehrlich zu uns selbst sind (andere brauchen es ja nicht unbedingt zu merken), müssen wir zugeben, dass es doch sehr persönliche und nicht selten recht eitle Motive sind, die uns antreiben.

Kein Wunder, dass die Erwartungen, die wir oder (vermeintlich) andere an uns stellen, nicht selten zu einer übergroßen Spannung führen. Was ist Rolle, was ist Identität? Kann ich das eine vom anderen wirklich so strikt trennen? Vermutlich nicht, aber allein eine Unterscheidung ist schon hilfreich. Vor allem deshalb, weil man selbst meist mehrere Rollen spielt, nicht unbedingt gleichzeitig, aber doch jede von ihnen. Und welche Rolle dann jeweils die Hauptrolle spielt, ist auch noch zu entscheiden. Die Rollen als Rollen zu erkennen und dann aber doch den Kern des Ganzen finden – nämlich sich selbst – ist die Kunst dabei. Bin ich nur ein »Rollenkonglomerat«, oder gibt es da noch etwas, was über die jeweiligen Rollen hinausgeht? Ist vielleicht das, was ich eigentlich bin oder sein könnte, das, was mich stört, weil es mir nicht so bedeutend erscheint? Mit anderen Worten: Warum reicht es mir nicht zu sein, was ich bin?

Wer sich dieser Frage stellt und sich auf die Suche nach einer Antwort macht, hat einen weiteren Schritt zur Seelenruhe getan. Er kann sich »einordnen« – und mehr noch: Er kann sich nicht nur damit abfinden, was er ist, sondern es sogar akzeptieren und begrüßen. Sich damit einverstanden erklären. Und sich damit eben nicht überfordern. Überforderung nämlich ist einer der Unruheherde par excellence.

Montaigne oder Zweifel als Prinzip der Seelenruhe

Gut 350 Jahre vor Johannes XXIII. hat der Humanist Michel de Montaigne in seinen *Essais* diesen Rat, sich nicht so wichtig zu nehmen, etwas salopper formuliert: *»Die meisten unserer Tätigkeiten sind Possen. Die ganze Welt treibt Schauspielerei. Wir müssen unsere Rollen darin gebührend übernehmen, aber eben als Theaterfigur. Aus Maske und Aufmachung sollte man nicht ein wirkliches Wesen machen und aus Fremdem nichts Eigenes. Wir wissen Haut und Hemd nicht mehr auseinanderzuhalten. Es reicht, sich das Gesicht zu schminken, das Herz bedarf dessen nicht. Ich kenne Leute, die sich genauso oft in andere Gestalten und Wesen verwandeln, wie sie neue Ämter übernehmen, und die, etwa Prälat geworden, selbst die Eingeweide in diesen Stand erheben und ihre Würde noch auf dem Klosett nicht ablegen.«*[82]

Montaigne war Angehöriger des französischen »Amtsadels« und Parlamentsrat in Bordeaux, als er sich an seinem 38. Geburtstag aus der Öffentlichkeit zurückzog und seitdem einen Turm seines Anwesens in der Dordogne im Südwesten Frankreichs bewohnte. Dort richtete er sich eine Bibliothek ein, an deren Wände er eine persönliche Inschrift anbringen und die er mit Zitaten antiker Schriftsteller verzieren ließ. Seine Frau bezog den zweiten Turm des Schlosses und kümmerte sich um das Landgut. Wenig später begann er, seine Erinnerungen, Beobachtungen und Reflexionen über die Welt und die Gesellschaft niederzuschreiben, und zwar in Form kurzer und längerer Aufsätze, die er »Essais« nannte. Das Ergebnis war nicht eine neue Form der Selbstkonfrontierungen und -beobachtungen, sondern vor allem die Schaffung einer neuen literarischen Gattung, eben Essays, Versuche, denen immer etwas Unvollständiges, Vorläufiges anhaftet, die gelingen können oder auch nicht. Doch anstatt wie Marc Aurel (121–180), der stoische Philosoph auf dem römischen Kaiserthron, in Analysen und Selbstermahnungen oder wie Augustinus in seinen *Bekenntnissen* sich in ständigen Schuldeingeständnissen und skrupulösen Selbstbezichtigungen zu ergehen, war Montaigne vor allem daran interessiert zu beobachten, und weniger, zu werten. Über ihm Ungewohntes, Fremdes berichtete er mit großer Freimütigkeit und Unvoreingenommenheit, manchmal mit dem Erstaunen eines Kindes – auf jeden Fall, ohne gleich ein Urteil darüber zu fällen. Dagegen nahm er seine eigenen Schwächen und die seiner Mitmenschen sehr genau unter die Lupe, aber so, dass auch in dieser »Mangelhaftigkeit« eine liebenswürdige Seite sichtbar wurde.

Zwei Erlebnisse waren es vor allem, die ihn zu diesem Schritt bewogen: zum einen der Verlust seines engsten Freundes Étienne de La Boétie, der 1563 in seinem

33. Lebensjahr an der Pest gestorben war, und zum anderen ein Reitunfall im Jahr 1570, der Montaigne fast das Leben gekostet hätte. Als wäre dies nicht schon genug, hatte Montaigne in diesem Schicksalsjahr überdies den Verlust eines Bruders zu beklagen, der beim Paumespiel (einem Vorläufer des Tennis) eine Hirnblutung erlitt und daran starb, sowie den Tod seines ersten Kindes. Dies alles zeigte ihm, wie brüchig und vergänglich dieses Leben ist und von welchen Unwägbarkeiten Glück und Unglück abhängen.

Doch was bewegt dann jemanden wie ihn, der sich auf seinem Landgut trotz dieser Schicksalsschläge ein angenehmes und ruhiges und alles in allem auch ungefährliches Leben hätte machen können, dazu, sich literarisch zu betätigen und dies auch noch der Öffentlichkeit mitzuteilen? Junge Adelige und – nach damaligen Maßstäben – solche »mittleren Alters« wie Montaigne, die stattdessen dem Müßiggang frönten, gab es schließlich reichlich. Die einschneidenden Erlebnisse aber führten bei Montaigne zu einer Art Introspektion, die ihn dazu anhielt, sein eigenes Leben zu betrachten und daraus seine Lehren zu ziehen. Anleitungen dazu hatte er aus der Lektüre antiker Philosophen gezogen, von denen vor allem Seneca, Epiktet und Plutarch ihn beeindruckten. Die Stoiker und die von Letzterem verfassten Biografien berühmter Persönlichkeiten waren es, die ihn bewogen, sein eigenes Leben zum Experimentierfeld zu wählen, um ihre Lehren und Einsichten einer Überprüfung zu unterwerfen, mehr aber noch, um seine eigenen Schlüsse daraus zu ziehen.

Montaignes Motto »*Que sais-je* – Was weiß ich?«
(hier in zeitgenössischer Schreibweise) als Vignette

Das »Nimm dich nicht so wichtig« hat er jedenfalls auch als eine seiner Maximen gelebt. Sein Wahlspruch lautete: »*Que sais-je* – Was weiß ich?« Dieses Motto erinnert nicht nur an Sokrates, den Vater der abendländischen Philosophie, und sein »Ich weiß, dass ich nichts weiß«, sondern noch viel mehr an dessen Weiterführung durch die Schule der Skeptiker: »… und noch nicht mal das weiß ich sicher.«

Denn obwohl Montaigne als seine antiken Lieblingsautoren Seneca und vor allem Plutarch angab, war er doch in seinem Denken den antiken Skeptikern näher. Die Schule, die sich auf Pyrrhon von Elis (circa 365–275 v. Chr.) als Gründer berief, bildete eine eigene Klasse neben Stoizismus und Epikureismus. Pyrrhon war ein Zeitgenosse Epikurs und Zenons, des Begründers der stoischen Schule, aber anders als von diesen beiden ist von ihm nichts Schriftliches überliefert. Über ihn gibt es eine Reihe von Anekdoten, die die von ihm mehr gelebten als gelehrten

Grundsätze verdeutlichen. So soll er häufiger von seinen Begleitern gerettet worden sein, wenn er einem Pferdegespann oder ihn angreifenden Hunden auf der Straße nicht ausweichen wollte, und auch an seinem Lehrer Anarxarchos, der in einen Sumpf gefallen war, ging er achtlos vorüber, was ihm zwar die Kritik seiner Zeitgenossen, aber das Lob seines Lehrers einbrachte. Als er dabei ertappt wurde, wie er Selbstgespräche führte, erwiderte er nur, er übe sich darin, umgänglich zu werden. Uns mag das heute spleenig vorkommen – es wirft aber ein bezeichnendes Licht auf ein Zeitalter, in dem die Menschen ihr eigenes Leben zu einem lebenslangen Experimentierfeld zu machen gewohnt waren. Zu seinen Fans jedenfalls soll unter anderen Epikur gehört haben, der seinen Lehrer Nausiphanes regelmäßig über ihn ausgefragt habe.

Das erklärt auch die engere Beziehung, die zwischen Epikureern und Skeptikern besteht, jedenfalls enger als die zwischen Skepsis und Stoa. Mit den Epikureern teilen die Skeptiker nämlich die Ansicht, dass Lust- und Unlustempfinden von der Natur vorgegebene Wertungen enthalten. Das heißt, anders als die Vertreter der Stoa, die in der Vernunft das höchste Kriterium sahen und ihr gegenüber alle anderen Dinge als zweitrangig oder indifferent entwerteten, akzeptierten sie, dass es Dinge gab, die dem Menschen durch Vernunft nicht verfügbar sind. Allerdings bestritten sie auch, dass wir Lust – wie Epikur und seine Schüler es verstanden – jederzeit empfinden und anstreben, die Unlust dagegen stets vermeiden könnten. Sie begnügten sich stattdessen damit, dass der

Mensch in seinem Streben nach Glück möglichst wenig eingeschränkt werde.

Die Anhänger der pyrrhonischen Skepsis selbst vertraten somit einen deutlichen Relativismus. Alles und jedes zogen sie in Zweifel, nichts erkannten sie als gesichert, als endgültig an. Objektive Güter oder Zustände, die unbedingt erreicht werden müssten, um glücklich zu werden oder Seelenruhe zu erlangen, kannten sie nicht und wahrten allem und jedem gegenüber eine Distanz, die ihnen gemäß zur Gelassenheit führte.

Konnte so etwas befriedigend sein? Wie sollte der suchende Geist da jemals zur Ruhe, zur Seelenruhe gar, kommen? Wie lebt man nach derartigen Grundsätzen? Denn an irgendetwas mussten auch die Skeptiker sich halten. Und ist nicht jede Entscheidung ein Urteil? Kann ein Skeptiker tatsächlich leben, ohne jemals eine Entscheidung zu treffen? Dies scheint unmöglich zu sein. Denn damit würde jegliches Handeln ausgeschlossen. Deshalb gestanden die Skeptiker zwar zu, dass man nicht leben könne, ohne zu entscheiden oder zu handeln, denn auch das Unterlassen ist ja eine Handlung. Auch ihm geht eine Entscheidung voraus. Doch niemand ist eine Insel, wie nicht oft genug betont werden kann, und auch die Umstände, unter denen ein Skeptiker lebt, hat er nicht in Gänze selbst zu verantworten. Er findet sich jeweils in einer bestimmten Situation vor, zu einer bestimmten Zeit an einem bestimmten Ort mit Beziehungen, die ihm vorgegeben sind, und ihm stellt sich die Frage, ob er für oder gegen sie ist.

Sich mit dem Vorgefundenen zu arrangieren scheint gebotener, als es rundweg abzulehnen. So akzeptierten die Skeptiker eher die herrschenden Verhältnisse, die sie »aufgezwungene Erlebnisse« nannten und in die sie hineingeboren waren, als dass sie sie aktiv verändern wollten, weil sie nicht sicher sein konnten, dass die Alternativen gegebenenfalls besser seien. Wem so etwas zu konservativ erscheint, der sollte allerdings bedenken, dass dahinter keine felsenfeste Überzeugung stand, auch kein »Sichabfinden« mit bestehenden Verhältnissen, sondern eher ein »Tun, als ob«.

Malte Hossenfelder nennt die Lebensweise der pyrrhonischen Skeptiker auch »Leben in Anführungszeichen«. Dahinter steht die Einsicht, dass die herrschenden Verhältnisse nie in Stein gemeißelt und für die Ewigkeit bestimmt sind. Revolution ist die Sache des Skeptikers nicht, und auch der postmortale Ruhm eines Märtyrers wäre für ihn – anders als für einen Stoiker – nicht reizvoll. Warum auch? Nichts ist so sicher wie der Wandel. Wenn sich etwas ändern sollte, nun, dann wird der Skeptiker sich nicht dagegen wehren, sondern sich damit arrangieren wie mit dem Zustand zuvor. Wechselnde Verhältnisse bringen ihn jedenfalls nicht aus der Ruhe. Umwege sind eben auch Wege, auf denen man sich fortbewegen kann, und es kann sogar interessanter sein, weil man weniger Widerstand erfährt und mehr entdeckt und erlebt als derjenige, der unbeirrt Kurs hält.

Wenn der Wind des Wandels bläst, bauen die einen Schutzmauern und die anderen Windmühlen. Zugegeben, das ist ein chinesisches Sprichwort, aber es trifft den Kern der Sache. Man könnte auch davon sprechen, dass man die Segel setzt und die günstigen Winde nutzt. Oder das alte Bild von Weide und Eiche zitieren, von Biegen und Brechen: Letztere bietet den Stürmen Widerstand, die andere biegt sich im Wind – sie trotzen seiner Wucht beide auf ihre Weise; wichtig ist am Ende aber nur, den Sturm zu überstehen. Wer will da urteilen, welche Haltung die bessere sei?

Man mag das auch als Opportunismus verunglimpfen, aber darum geht es hier nicht. Man kann mit gutem Grund über seine Beweggründe schweigen, ohne aus seinem Herzen eine Mördergrube zu machen. Ein »Tun, als ob« ist nicht einfach eine »Vorspiegelung ›falscher Tatsachen‹«. Es ist auch kein Betrug, sondern eine elegante Möglichkeit, sich die Optionen offenzuhalten und sich die Realität erträglich zu machen, manchmal die Ermöglichung von wirklicher Kommunikation überhaupt.

Das »Tun, als ob« ist daher durchaus eine alltägliche Praxis. Sie ist gekennzeichnet von Stil und Eleganz im Umgang mit anderen. Wir üben sie etwa, wenn ein Paar nach einem schönen Abend im Restaurant vor der Frage steht, ob einer zum anderen »noch auf einen Schluck nach oben« mitkommt. Wohl wissend, was diese Einladung bedeutet, würde die direkte Frage, ob man vielleicht die Nacht miteinander verbringen wolle, den anderen nicht nur vielleicht in Verlegenheit bringen, eine direkte Ablehnung auch noch den Fragenden kränken, sondern sowohl Angebot als auch Antwort würden, weil nur noch eine direkte Antwort erforderlich wäre, möglicherweise als vulgär empfunden. Selbst im Falle der Ablehnung bleibt ja beim »Als ob« die Option zumindest scheinbar noch für die Zukunft bestehen. Die »reine, unverstellte Wirklichkeit« wird hier spielerisch erträglich gemacht, indem die Scham den Schein wahrt und auch den Reiz des (noch) unerfüllten Versprechens weiter aufrechterhält. Und – auch das Geheimnis. Das gemeinsame, gerade unausgesprochene Wissen um den Gehalt der diskreten Anfrage eint ja die beiden. Jeder Charme, jeder Reiz – auch am anderen – nähme Schaden, wenn dieser den »Zauber des Moments« verletzte und auf die Frage, ob man noch auf einen Schluck mitkomme, etwa antwortete: »Du, ich hab keine Lust, mit dir zu vögeln.« Und wer erlebt, wie unverfroren gerade in der Öffentlichkeit privateste Dinge ohne jegliche Distanz herausposaunt werden, wird vielleicht mehr Verständnis für diese Haltung des »Als ob« aufbringen, zumal dann, wenn ihm deren mediale Aufdringlichkeit auf die Nerven geht. Dokusoaps oder Talkshows am Nachmittag in den Privatsendern mit offenbar ziemlich Unbedarften oder auch die Formate des sogenannten »Demütigungsfernsehens« leben ja gerade von dieser »Unverschämtheit«, der Unfähigkeit der Teilnehmer zur Verstellung und ihrer Bereitschaft, unverblümt die Wahrheit zu sagen – in der Illusion, tatsächlich mit ihren Anliegen ernst genommen zu werden und Betroffenheit hervorzurufen.

In der Philosophie ist Ironie eine seit Sokrates angewandte Technik des Verbergens und Verstellens *(eirō-*

neía), um die Beteiligten in ein philosophisches Gespräch zu ziehen und zum Nachdenken zu bringen. Die sokratische Methode der Mäeutik (vom griechischen *maieutikḗ* für »Hebammenkunst«), die passenden Fragen zu stellen, bringt es daher fertig, Menschen zur Philosophie zu führen, sie »aufzuklären«, ohne sie vorzuführen. Im Gegenteil: Es war ja Sokrates, der sein »Ich weiß, dass ich nichts weiß« als Ausgangspunkt nahm, und das, obwohl er – wie die platonischen Dialoge zeigen – seinen Gesprächspartnern gerade durch diese Einstellung überlegen war. Ohne Ironie gäbe es keine Philosophie.

In Zeiten, in denen andere apodiktisch und lautstark ihre Erkenntnisse und Richtlinien verkünden, ist eine Stimme, die zum heilsamen Zweifel aufruft – und nichts anderes will der Skeptiker, der sich eben nicht als »Dogmatiker« fühlt –, hilfreicher als jemand, der »absolute, unverrückbare Wahrheiten« verkündet: *»Glaube denen, die die Wahrheit suchen, und zweifle an denen, die sie gefunden haben.«*[83]

Der Skeptiker ist ja nicht jemand, der aus Angst oder Feigheit den Mund hält, sondern seine Einwände und Bedenken äußert, das Bestehende relativiert und gerade dadurch auch in der Lage ist, einen trügerischen »Konsens«, die »allgemeine Meinung« oder den »gesunden Menschenverstand« infrage zu stellen. *»Vox populi vox Rindvieh«*[84] soll das mal unverblümt ein deutscher Politiker genannt haben, der sich auch sonst herzlich wenig um die »öffentliche Meinung« scherte. Klar, das ist kein Freibrief für Willkür und erst recht nicht für die Selbstherrlichkeit des Machtmenschen, die dieser auch verkörperte, aber eine notwendige Erinnerung daran, dass ein breiter gesellschaftlicher Konsens auch kein Garant für das Angemessene ist.

Der Arzt Sextus Empiricus (circa 160–210), der die Grundzüge der skeptischen Lehren zusammenstellte, schildert, wie der Skeptiker die Seelenruhe erreicht: *»Dem Skeptiker geschah dasselbe, was von dem Maler Apelles erzählt wird. Dieser wollte, so heißt es, beim Malen eines Pferdes dessen Schaum auf dem Gemälde nachahmen. Das sei ihm so misslungen, dass er aufgab und den Schwamm, in dem er die Farben vom Pinsel abzuwischen pflegte, gegen das Bild schleuderte. Als dieser auftraf, habe er eine Nachahmung des Pferdeschaums hervorgebracht. Auch die Skeptiker hofften, die Seelenruhe dadurch zu erlangen, dass sie über die Ungleichförmigkeit der erscheinenden und gedachten Dinge entschieden. Da sie das nicht zu tun vermochten, hielten sie inne. Als sie aber innehielten, folgte ihnen wie zufällig die Seelenruhe wie der Schatten dem Körper.«*[85]

Die *»Ungleichförmigkeit der gedachten und erscheinenden Dinge«* meint etwa, dass ein Turm aus der Ferne rund ausschauen kann, sich bei näherem Hinsehen aber tatsächlich als eckig erweist. Optische Täuschungen sind allerdings lediglich ein Beispiel; der Skeptiker würde vermuten, dass es sich so wie bei optischen Täuschungen auch bei allen anderen Dingen verhält – dass eben nichts sicher ist.

Die Seelenruhe, in der für ihn das Glück besteht, bekommt der Skeptiker also nicht als Lohn seiner Mühen, sondern gerade deshalb, weil er sie nicht mehr – man könnte sagen: krampfhaft – weiterverfolgt und über das Ziel hinausschießt – es ist schon da. *»Ein solches Nachlassen ist die entscheidende Fähigkeit für den Umgang mit dem Glück; nicht das verkrampfte Umwegemachen, das die Glücksfürchtigen noch umständlicher werden lässt als die schlauesten Paparazzi.«*[86] Es bedeutet einfach, es zuzulassen, so wie es kommt, nicht, es zu verfolgen oder so zu erzwingen, wie man es sich vorstellt. So und nicht anders – wer so denkt, belegt gerade durch seine Zwanghaftigkeit, dass er das Wesen der Seelenruhe so, wie die Skeptiker es sahen, als »Gabe« und nicht als Leistung, nicht begriffen hat. Dem Versuch, das Glück, in diesem Fall also die Seelenruhe, so zu erzwingen oder herbeizuführen, wie man es sich wünscht und ausmalt, haftet etwas Magisches an. Etwas anderes aber, als sich selbst beherrschen zu wollen, gerade wenn es sich um Unverfügbares handelt, ist Narzissmus. Wer hätte nicht schon die Erfahrung gemacht, dass das Glücksgefühl doch nur sehr kurz und flüchtig ist oder sich erst gar nicht einstellt, wenn endlich eintrifft, was man erhofft, worauf man »hingearbeitet« hat? Dem entkommt nur, wer wirklich loslässt, selbst auf die Gefahr hin zu verlieren, was er sucht und erstrebt oder auch festhalten will. Doch wer sagt denn, dass dieser Verlust für alle Zeiten gelten muss? *»Prognosen sind schwierig, besonders wenn sie die Zukunft betreffen«*, ist ein beliebtes

Bonmot, das mehreren Urhebern zugeschrieben wird. Warum also sich mit etwas belasten, dessen Ausgang alles andere als gewiss ist?

Diese erwartungsfreie Haltung spiegelte sich auch in der *epochḗ* – der Urteilsenthaltung – der Skeptiker wider. Zurückhaltung beim Urteilen – das war ein Grundsatz, dem sich ebenfalls Montaigne verschrieben hatte. Um dieses Ziel nicht aus den Augen zu verlieren, ließ er sich im Jahr 1576 eine Reihe von Münzen prägen, die sein eigenes Familienwappen auf der einen Seite, auf der anderen eine Waage im Gleichgewicht zeigten, die mit dem griechischen Wort *epechō̄* (»Ich enthalte mich«) umschrieben war. Die Montaigne-Biografin Sarah Bakewell vergleicht diese Mode des 16. Jahrhunderts, Münzen mit einem Sinnspruch oder einem Motto zu versehen, mit der heutigen Sitte, sich Tattoos stechen zu lassen.[87] Im Übrigen verhielt sich Montaigne genauso wie seine skeptischen Vorbilder, wenn er zeitlebens seine Zugehörigkeit zum Katholizismus betonte, obwohl zahlreiche seiner Freunde Protestanten waren – darunter auch Heinrich von Navarra (1553–1610), der spätere König Henri IV., der 1598, also sechs Jahre nach Montaignes Tod, das »Edikt von Nantes« unterzeichnete und damit für fast neunzig Jahre zur Befriedung des konfessionell zerstrittenen und seit sechzig Jahren im Bürgerkrieg befindlichen Frankreich beitrug. Unbeeinflusst von der Skepsis scheint auch Heinrich von Navarra nicht gewesen zu sein. Das Edikt von Nantes ist in dieser Denktradition zu sehen. Und mit dem Satz »Paris ist eine

Messe wert« rechtfertigte er seinen letzten Übertritt zum Katholizismus von insgesamt sechs, die er im Laufe seines Lebens vollzog. Ohne diese Konversion hätte er den französischen Thron nicht besteigen können. Ein »Leben, als ob«. Ohne Konsequenzen blieb diese Haltung freilich auch nicht. Immerhin fiel er 1610 dem Mordanschlag eines prinzipientreuen katholischen Fanatikers zum Opfer. – Nichts ist sicher. So viel steht fest.

Exzellenz statt Perfektion

Wir haben dieses Leben nicht, weil wir perfekt werden sollen oder müssen. Wir haben es – das reicht. Vor allem aber besteht die Kunst darin, dem Leben eine spielerische Seite abzugewinnen. Eine skeptische Einstellung kann uns dabei helfen. Denn sie bewahrt uns davor, etwas »absolut« zu setzen und den Blick zu verengen. »Wie, wenn doch alles ganz anders wäre?« Verschiedene Möglichkeiten in Erwägung zu ziehen – »durchzuspielen« – schützt natürlich nicht davor, sich dennoch entscheiden zu müssen. Und für eine Entscheidung mag es gute Gründe geben zum jeweiligen Zeitpunkt, aber wir können uns nicht damit herausreden, »nicht anders zu können«. »There is always an alternative.« Der Ausgang des Spiels ist offen bis zum letzten Zug – und der des Lebensspiels bis zum letzten Atemzug.

Natürlich kann man – von einer plötzlichen Eingebung wie von einem Blitz getroffen – etwas wie einen

Tarotkarte
»Zwei der Münzen«
(Rider-Waite-Tarot):
Der spielerische
Umgang mit dem
Zweifel kann dem
Leben zur
Leichtigkeit
verhelfen

»radikalen Ruf« auffassen. Rainer Maria Rilke hat dies in seinem Sonett »Archaischer Torso Apollos«[88] in dem berühmten Schlusssatz: *»Du mußt dein Leben ändern«* ausgedrückt – und Peter Sloterdijk hat diese letzte Zeile des Gedichts wie gesagt zum Titel eines seiner letzten Werke gewählt, um den Menschen des 21. Jahrhunderts als den »Übenden« schlechthin zu charakterisieren.

Übung *(áskēsis)*, ständiges Über-sich-hinaus-Sein, ist nach Sloterdijks Ansicht das Merkmal, das den Menschen im 21. Jahrhundert kennzeichnet. Nun hat »Askese« ja nicht selten irgendwie eine Konnotation von »Zwanghaftigkeit«, was aber vom Ursprung her gar nicht sein muss, vor allem nicht, wenn man den Begriff nicht vornehmlich mit »Entsagung« verbindet. Eine ähnliche begriffliche Verengung ist ja auch dem Wort »Diät«

widerfahren. Es leitet sich vom griechischen *díaita* (»Lebensweise, Einteilung [der Speisen]«) ab und umfasst natürlich viel mehr als die Kasteiung und Einschränkung bei der Nahrungsaufnahme.

Diät und Askese: zwei Merkmale, die besser als alles andere die Gegenwart beschreiben – tatsächlich. Es sieht so aus, als wären das die beiden Techniken für nicht wenige Zeitgenossen, um bewusster zu leben. Jedenfalls scheinen sie von den entsprechenden Protagonisten dafür gehalten zu werden. Bewusster zu leben heißt in diesem Fall: die Kontrolle zu behalten. Aber was ist damit gewonnen? Die rückhaltlose Bejahung dieser beiden Trends ist letztlich nur Ausdruck eines Unwohlseins – und der verzweifelte Versuch der Distinktion. Sich von anderen, von den »gewöhnlichen« Menschen, abzuheben ist hier das Ziel, das zugleich mit einem Exhibitionismus sondergleichen verfolgt wird: Seht her: Ich bin nicht so wie die gedankenlose Masse. Ich lasse euch auch teilhaben an meinen Kasteiungen, an meinen Fortschritten, an meinen Erfolgen. Dass sich damit nochmal die Kontrolle verschärft, ist mit einkalkuliert, gehört dazu. Und erhöht den Druck auf das Individuum, »es allen zu zeigen« – von Leichtigkeit dagegen keine Spur. Das schließt natürlich nicht aus, dass es zum Menschsein dazugehört, an sich zu arbeiten, danach zu streben, »ein Mensch zu werden«. Im Gegenteil. Man kann seine Lebensweise auch einüben und sich an sie »gewöhnen« – nicht umsonst hängt der Begriff »Gewohnheit« mit »Wohnung« zusammen. Aber um in einer bestimmten Lebensweise »zu Hause« zu sein, dort zu wohnen, sich heimisch zu fühlen, braucht es eben gerade keinen Zwang. Wo sonst, wenn nicht daheim, sollte bezüglich der Lebensweise Zwanglosigkeit herrschen?

Der Ruf, sein Leben zu ändern, trifft Menschen unvermutet. Aber natürlich ist das leichter gesagt als getan. Die Erkenntnis, dass »es« so nicht weitergehen kann, dass Neues angesagt ist, und die Umsetzung dieser Erkenntnis sind zweierlei. Wer die Herausforderung annimmt, wird nicht umhinkommen, dies schrittweise zu tun, teilweise so wie bei der Echternacher Springprozession: ein paar Schritte vor, einen zurück.

Es scheint diese »Unzuverlässigkeit« und diese Unsicherheit im Leben zu sein, die nicht wenige irritiert, ja, die sie als Zumutung empfinden. Wer lieber ein vorhersehbares, geradliniges, von »bösen Überraschungen« freies Leben führen möchte, wird nach Methoden suchen, die ihm (scheinbar) Sicherheit gewähren. Die Suche nach Gewissheit und Sicherheit ist zwar verständlich, vor allem wenn man vielleicht in seinem Leben schon Täuschungen und Enttäuschungen erlebt hat, der Wunsch, es möge sich doch alles in geordneten Bahnen abspielen aus Angst vor Verlust, vor allem Kontrollverlust, ist jedoch ebenso trügerisch, er wird totalitär, wenn er sich nicht nur auf sich selbst, sondern auch auf andere erstreckt.

Vor einigen Jahren hielt Peter Sloterdijk einen Vortrag mit dem Titel »Regeln für den Menschenpark«, mit dem er eine heftige Diskussion provozierte. In ihm versuchte er an einen Aufsatz des Philosophen Martin Heidegger (1889–1976) anzuknüpfen, der in seinem »Brief über den Humanismus« dessen historische Ausgestaltungen kritisierte, die seiner Meinung nach die Bedeutung des Menschen unterschätzen. Diese spezifische Diskussion wollen wir hier nicht weiterverfolgen;[89] greifen wir aber einen Aspekt heraus: Sloterdijk verstand in seinem Vortrag den Humanismus als einen gescheiterten Versuch, den Menschen durch Bildung zu zähmen, ihm seine Rohheit und Wildheit auszutreiben (etwas, was in der griechischen Antike durch das Konzept der *paideía*, der Erziehung zur intellektuellen und ethischen Vortrefflichkeit – *aretḗ* –, begonnen wurde und seit Cicero für den Menschen allgemein als anzustrebendes Ziel galt), – und plädierte in der Folge dafür, das »Zähmungs«- durch ein genetisches Züchtungsprogramm zu ersetzen. Das hatte zwar mit dem Eugenikprogramm des Dritten Reichs nichts zu tun, wie oft von Kommentatoren befürchtet wurde, aber es ist passgenau das, was diese Unvorhersehbarkeit des Lebens eliminieren soll.

Was passiert, wenn in einer solchen kontrollierten Welt dann doch ein scheinbar gentechnisch optimiertes Objekt sich regelwidrig zu verhalten beginnt und die Rollen vertauscht werden? Und wie wenig Erfolg solchen Versuchen, ein perfektes gesellschaftliches System zu etablieren, beschieden ist, ist Thema von Science-Fiction-Filmen wie zum Beispiel »Gattaca«. Der Reiz des Genres ist ja unter anderem, dass gegenwärtig latent vorhandene »wissenschaftliche« Utopien konsequent in die »Realität«

fortgeführt werden – und damit zugleich sichtbar wird, was uns bevorsteht, wenn das, was wir das »Humane« nennen, als Störfaktor verstanden und entsprechend »korrigiert«, »repariert« oder eliminiert wird. Dass es dann doch anders kommt, als man denkt, ist – wie bei jeder Utopie – einem »historischen« Korrektiv geschuldet, das uns als Menschen letztlich unverfügbar ist.

Und in der Tat: Spricht man heute, in Zeiten »marktkonformer Bildung«[90], vom »Humanen«, vom »Menschlichen«, das es zu bewahren gilt, kann es einem passieren, dass man angestarrt wird, als käme man aus einer fernen, längst vergangenen Zeit. Oder anders, zeitgemäßer ausgedrückt: Man ist mega-out. In Sonntagsreden oder bei festlichen Anlässen wird es zwar als ein überkommenes Menschenbild noch einmal zitiert, wohl wissend, dass so etwas in der Konsequenz absolut unbedeutend und der Inhalt der Ansprache spätestens vergessen ist, wenn die Häppchen am Buffet bereitstehen.

Nun, die Kritik am humanistischen Anspruch ist nicht ganz von der Hand zu weisen. Wildheit, Rohheit, Grausamkeit – natürlich ist die Geschichte der Menschheit voll davon. Und ist im Namen oder trotz der beschworenen Ideale des »Menschlichen« nicht auch genug Unmenschliches passiert? Das Erziehungs- und Bildungsziel, das mit dem klassischen Humanismus verfolgt wurde, hat tatsächlich weder Engstirnigkeit noch Fanatismus, Nationalismus oder Unmenschlichkeit verhindern können. Wie viele, die tagsüber als Nazischergen oder ihre Handlanger ihr blutiges Werk verrichteten, ebenso wie viele »geistige Brandstifter« und Schreibtischtäter entspannten sich nicht abends bei der Lektüre von Klassikern oder einem Konzert, vor allem im Bewusstsein, einer Elite anzugehören? – Ja, sicher. Aber ist die Korrektur einer Fehlentwicklung gleichzusetzen mit der »Eliminierung« des »sich Verfehlenden«? Muss deshalb das Bemühen um Bildung gleich als solches diskreditiert und für gescheitert erklärt und abgeschafft werden? Der frühere Kulturstaatsminister Julian Nida-Rümelin weist zu Recht darauf hin, dass Bildung etwas ist, was das Individuum selbst leisten muss, etwas, was in seine Eigenverantwortlichkeit fällt. Und Hannah Arendt (1906–1975) erinnerte daran, dass es auch zum Menschen gehört, sein Menschsein nicht verwirklichen zu wollen. Es allerdings als Programm allen zu verordnen oder, noch schlimmer, als etwas durchzusetzen, dem der Einzelne sich durch genetische »Optimierung« nicht mehr entziehen kann, als Zwangsbeglückung nach jakobinischem Muster, kann keine Lösung sein.

Letztlich landet eine solche Utopie des Menschen bei dessen Abschaffung. Sie mag die Unvollkommenheit des Menschen – man kann auch sagen: die Offenheit, in die hinein er geboren wird – beklagen und als eine Zumutung auffassen. Aber wer entwirft das Bild dessen, was wünschbar wäre? Wer legt das Ziel fest, nach dem Menschen »optimiert« oder sogar neu erschaffen werden sollen? Derartige Auswüchse und abstruse Bemühungen haben wir ja schon mit der »Quantified-Self«-Bewegung kennengelernt (siehe 2. Kapitel). Es fragt sich bloß, ob das die einzige Möglichkeit ist, die dem Menschen nach dem Abschied vom Absoluten übrig bleibt oder ob dies nicht gerade den Keim der Zerstörung des Menschlichen in sich trägt. Freiheit wird immer eine Zumutung bleiben – mit allen Unsicherheiten. Aber genau das macht den Menschen aus, nicht eine wie auch immer geartete »genetische Optimierung«. Und solange Freiheit ist, gibt es die Notwendigkeit von Bildung, von Erziehung.

Bildung ist mehr als »Erziehung« und auch mehr als Ausbildung. Sie ist etwas, was »vermittelt« wird, vollzogen werden muss sie von jedem Einzelnen selbst. Etwas wird dabei gestaltet, nimmt Gestalt an – das eigene Leben. *»Mach das beste aus dir«*, rät Ralph Waldo Emerson, *»denn es ist das einzige, was du hast.«*[91] Aber ach, wie wird doch diese eigentlich gut gemeinte Aufforderung missverstanden. Schon der Satiriker Juvenal (circa 60–127) meinte, man müsse darum beten, dass in einem gesunden Körper auch ein gesunder Geist stecke – offenbar war das schon damals nicht deckungsgleich. Die Verkürzung darauf, dass Ersteres Bedingung für Letzteres, dass sogar beides miteinander verbunden sei, ist eine bis heute gängige Fehlinterpretation – und findet in den Protagonisten des Fitnesswahns ihre tägliche Widerlegung. Geistloser ist selten etwas als der egozentrierte Körperkult, der sein Leben auf Fitness, Gesundheit, ein fragwürdiges Schönheitsideal und Egozentrik verkürzt und diese als Distinktionsmerkmal zur »gewöhnlichen Masse der Sterblichen« erhebt. Die Konsequenz sind Zwänge, die nun nicht mehr von außen, sondern vor allem aus dem Inneren des Individuums kommen. Gerade diese inneren Zwänge sind jedoch das, was es zu beseitigen gilt, wenn man Seelenruhe finden will. Bei Montaigne geht es deshalb gerade nicht um ein »Über sich hinaus«, schon gar nicht um einen »Übermenschen« oder einen »Transhumanismus«, also eine Überwindung des Menschseins, sondern um das glatte Gegenteil: einen (erneuerten) Humanismus, also etwas, was dem »Weltlichen«, wenn man so will, zugewandt bleibt, um ein »In-sich-Ruhen« und ein »Von-sich-Absehen«. Daran zu arbeiten, dass man sein Menschsein verwirklicht und es erhält, statt es übertreffen zu wollen, ist etwas, wozu sich die wenigsten entscheiden mögen. Viel zu unsicher scheint der Erfolg, viel zu unspektakulär vielleicht sogar. *»Wie sich die Leute doch täuschen«*, schreibt Montaigne. *»Am äußersten Rand zu gehen und sich seiner als Grenz- und Leitlinie zu bedienen ist wesentlich leichter als in des Weges breiter und offner Mitte, und wesentlich leichter folgt man künstlichen Regeln als der Natur – wenn auch auf viel weniger rühmliche und nachahmenswerte Weise. Nicht so sehr, dass sie nach oben und nach vorne strebt, macht die Größe einer Seele aus, wie dass sie sich ins Gegebene zu fügen und darin einzurichten weiß. Alles Hinlängliche erachtet sie für groß, und als herausragend erweist sie sich dann, wenn sie das Mittlere mehr als das Herausragende liebt.«*[92]

Darin, die Bandbreite der Möglichkeiten auszuloten, selbst auf die Gefahr hin, zu übertreiben und gelegentlich das Maß zu überschreiten, zeigt sich der Meister, wie auch Georg Christoph Lichtenberg (1742–1799) bemerkt: *»Mäßigkeit setzt Genuss voraus, Enthaltsamkeit nicht. Es gibt daher mehr enthaltsame Menschen als solche, die mäßig sind.«*[93] Auch wenn die Stimme der Vernunft immer eine Stimme der Mäßigung ist, gilt dies doch in doppeltem Sinne, nämlich so, auch die Mäßigung zu mäßigen. Robert Pfaller nennt das die *»Verdoppelung der Mäßigung«*, auf die schon Epikur hingewiesen hatte.[94]

Der enthaltsame Asket ist folglich gerade kein »Lebens*künstler*«, sondern eigentlich ein »Lebens*überwinder*«, gelegentlich auch ein Lebens*verneiner*. So wird aus dem Verzicht auf Lust die Lust auf den Verzicht.[95] Es ist ein ständiges Leben am Limit, weil man dann sicher sein kann, alles bereits hinter sich gelassen zu haben. Damit aber gibt man das Lernen im Leben auf. Denn Lernen geschieht eben durch *trial and error*, Versuch und Irrtum – mit offenem Ausgang.

Ein neuer Humanismus – also einer, der aus den Fehlern des bisherigen gelernt hat und die Offenheit des Menschen als seine Grundvoraussetzung respektiert, entspräche genau dem Modell des Versuchs, des »Essays«. Übung als Grundlage des Menschseins auch hier, aber nicht mit der Verbissenheit des Asketen und mit dem Blick durch die Brille des Perfektionisten, sondern mit der ernsthaften Leichtigkeit des Künstlers, eben als Spiel. Nicht sterile, eindimensionale Perfektion, sondern Exzellenz in vielfacher Hinsicht – in Anlehnung an Wilhelm Schmid[96] – ist das, was wir erreichen können. Dass die vorzügliche Ausführung der Übung irgendwann in

Perfektion münden soll, ist gerade nicht zwangsläufig vorgezeichnet. Sie zeigt sich eher in der Leichtigkeit, mit der die Übung dann gelingt, und darin offenbart sich etwas anderes als sterile Perfektion, Unfehlbarkeit und Makellosigkeit, nämlich »Eleganz«. Dann zeigt sich das Leben von seiner »anmutigen« Seite und eben nicht von seiner zwanghaften. Und wenn es nicht so klappt, wie man sich das zunächst vorgestellt hat, dann halt vielleicht auf andere Weise.

Spiel, Schönheit, Freiheit

Unter dem Motto »Du darfst dein Ändern leben« stand 2012 in Mannheim ein Alternativprogramm zum gleichzeitig stattfindenden offiziellen »Katholikentag«. Der Bezug zum Buch von Peter Sloterdijk war greifbar, hatte doch auch wenige Monate zuvor eine Theateradaption des Essays ihre Uraufführung im Badischen Staatstheater in Karlsruhe. Die Vermutung, dass es hier um eine Absage an eine zwanghaft eindimensionale Interpretation des »Du musst« geht, liegt nahe. Wo auch immer diese Ermächtigung ihren Ursprung haben mag – sie ist ein großer Schritt auf dem Weg hin zur Seelenruhe. Änderungen zuzulassen, zu begrüßen, sie nicht erzwingen, sie aber auch nicht verhindern – sich überraschen lassen: Das gibt dem Leben einen spielerischen, leichten Charakter. Mit den Möglichkeiten spielen zu lernen, dementsprechend auch.

Spielen lernen – das muss der Mensch am Anfang seines Lebens nicht, das scheint ihm »in die Wiege gelegt«. Im Gegenteil: Nur so lernt er die Welt kennen, kann er seine Möglichkeiten erkunden. Dass er es später meist verlernt, ist das Ergebnis von Festlegungen im Laufe des Lebens. Sicher zu einem Teil unvermeidlich, wie sonst sollte er »erwachsen« werden? Aber Spiel – das ist noch viel mehr. *»Der Mensch spielt nur, wo er in voller Bedeutung des Wortes Mensch ist, und er ist nur da ganz Mensch, wo er spielt«*,[97] schreibt Schiller in seinem fünfzehnten Brief »Über die ästhetische Erziehung des Menschen«. Es gibt wohl mehr Leute, die diesen Satz schon einmal gehört haben, als solche, die das dazugehörige Werk kennen. In dieser Schrift entwickelt Schiller den Gedanken, dass der Mensch über die Schönheit zur Freiheit gelangt. Um zu sehen, wie sich dieser Gedanke in unser Bemühen um Seelenruhe einfügt, müssen wir etwas ausholen und vor allem die Beziehung zwischen Spiel und Schönheit herstellen.

In der Tat spricht Schiller im besagten Brief nicht vom Spiel allgemein, sondern vom *»ästhetischen Spiel«*. Dies unterscheidet er vom *»bloßen Spiel«*[98]. Im Zustand des »ästhetischen Spiels« erfährt der Mensch »höchstes Glück« und »innere Ruhe«, weil er dort seine sinnliche mit seiner vernünftigen Seite vereinen kann. »Formtrieb« und »Sachtrieb« finden im Spieltrieb ihre höchste Vereinigung, so wie erotisches Verlangen und moralische Achtung sich in der Liebe vereint wiederfinden. Damit greift er auf eine seit der Antike geltende Vorstellung zurück: die »Kalokagathie« (*kalokagathía* ist ein Kunstwort, bestehend aus *to kalón* für »das Schöne« und *to agathón* für »das Gute«, und meint »das Schöne und Gute«). Schon für Platon gehörten das Schöne und Gute zusammen. Geistige, ethische und körperliche Vollkommenheit bilden bei ihm den Ausdruck der höchsten Wirklichkeit. Wenn die Seele dem Schönen begegnet, erinnert sie sich an das, was sie vor der Geburt in idealer Form geschaut hat. Im Eros streben wir nach dieser Einheit und gelangen über verschiedene Stufen zur Vollkommenheit: Ausgehend von der schönen Gestalt, wendet sich Eros dem schönen Körper, dann der Seele, schließlich dem Wissen und der Gemeinschaft und letztlich der Idee des Schönen zu. Ursprünglich wurde Kalokagathie als Kennzeichen des Adels verstanden, dann aber immer mehr als Merkmal von herausragenden Persönlichkeiten.

So wie Eros verbindet auch der Spieltrieb den Sachtrieb mit dem Formtrieb, und darüber hinaus ist er der Zugang zur inneren Ruhe. Warum? Weil wir gerade beim Spiel nicht der Leidenschaft des Eros frönen, nicht seinem »Zwang« erliegen, der auf ein Ziel, nämlich den beziehungsweise die Geliebte gerichtet ist – und damit keinen Zweck verfolgen, sondern das Spiel seinen Zweck, nämlich Schönheit hervorzubringen, in sich selbst trägt. Was schön ist, erschließt sich dem Menschen unmittelbar, ohne Zwang, ohne Anspruch. Der Mensch erkennt und schafft das Schöne, weil es ihn ohne weiteres Interesse direkt erfreut. Und gerade diese Zweckfreiheit ist es, die das Schöne zur Geltung kommen lässt. Versunken in sein ästhetisches Spiel, ist der Mensch gerade sich selbst am nächsten. Im Spiel ruft uns die Schönheit zur Achtsamkeit unserem Leben gegenüber auf. Der Spieltrieb hebt die Zeit in der Zeit auf – und ermöglicht so die Ruhe des Spielenden. Spielen im ästhetischen Spiel ist zeit-los, und daher ruhe-voll.

Man kann, muss hierbei aber nicht an ein in sein Spiel versunkenes Kind denken. Auch als Erwachsene sind wir uns kaum näher als dann, zum Beispiel wenn wir musizieren und die Welt um uns herum vergessen, wenn wir einer Tätigkeit um ihrer selbst willen nachgehen … Und wir können es aus einer reflektierten Haltung heraus tun. Die Möglichkeiten werden mit dem Erwachsenwerden in aller Regel nicht weniger, sondern mehr – und nehmen naturgemäß im Alter wieder ab; zumindest aber verändern sie sich. Doch bis dahin …

Allerdings werden wir die Zeit nicht los, wir schaffen sie nicht ab, wir entkommen ihr letztlich nicht, sondern ihre Aufhebung passiert »in der Zeit«. Im »bloßen Spiel« hingegen geht es nicht um die Aufhebung der Zeit, sondern eher um Zeit*vertreib.* Aber*: »Man muss sich die Zeit nicht vertreiben, man muss die Zeit in sich einladen«*,[99] notierte zu Recht Walter Benjamin.

Spielerischer Ernst als Haltung dem Leben gegenüber aus seiner eigenen Ermächtigung heraus, das birgt die Chance, tatsächlich Meister(in) des eigenen Lebens zu werden. So wie ein Musiker ein Instrument spielt und ständig übt, um es zu beherrschen. Die Melodie – nun,

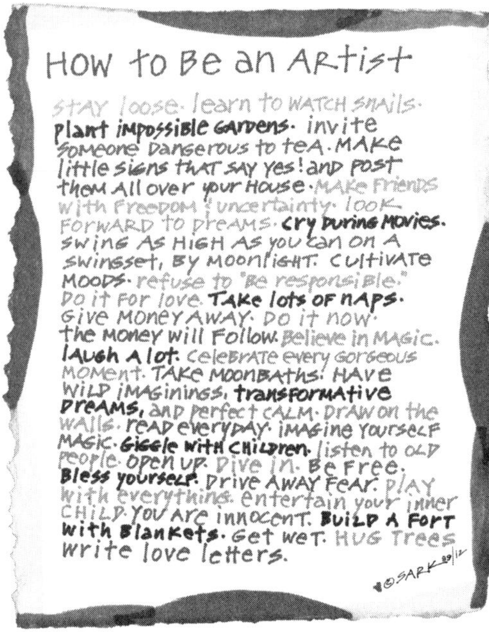

Plakat »How to Be an Artist?«
der amerikanischen Künstlerin SARK

die komponieren wir auch selbst, sicher mit »Versatzstücken« von anderen, sicher nur selten als »Solostück«, aber es kann dennoch unsere ureigene Melodie werden.

Und – um mit Foucault zu fragen – warum sollte nicht jeder Einzelne aus seinem Leben ein Kunstwerk machen können? Ganz im Sinne von Foucault ist auch das Gedicht, das ein Plakat der amerikanischen Künstlerin SARK (Susan Ariel Rainbow Kennedy) ziert[100] (siehe Abbildung).

Es sind keine unmöglichen Dinge, die dazu nötig sind, wie man hier sieht. Es ist auch nicht erforderlich, alles wie ein Programm abzuarbeiten. Keine dieser Tätigkeiten muss das ganze Leben oder einen großen Teil umfassen. Und die Liste ist auch alles andere als vollständig. Es sind noch viele weitere dieser »Leichtsinnigkeiten« denkbar und realisierbar.

Spätestens jetzt muss allerdings der Einwurf kommen, dass eine spielerische Betrachtung des Lebens keine Garantie für sein Gelingen ist. Und in der Tat: Wer spielt, kann nicht nur gewinnen, sondern auch verlieren. Doch wer nicht spielt, hat von vornherein verloren. So wie es in dem Gedicht »Brief eines alten kalifornischen Mönchs« zum Ausdruck kommt, das dem argentinischen Schriftsteller Jorge Luis Borges (1899–1986) zugeschrieben wird:

Könnte ich mein Leben nochmals leben,
dann würde ich das nächste Mal versuchen,
mehr Fehler zu machen.
Ich würde mich entspannen,
lockerer und humorvoller sein als dieses Mal.
Ich kenne nur sehr wenige Dinge,
die ich ernst nehmen würde.
Ich würde mehr verreisen.
Und ein bisschen verrückter sein.
Ich würde mehr Berge erklimmen,
mehr Flüsse durchschwimmen
und mir mehr Sonnenuntergänge anschauen.

Ich würde mehr spazieren gehen
und mir alles besser ansehen.
Ich würde öfter ein Eis essen und weniger Bohnen.
Ich hätte mehr echte Schwierigkeiten
und weniger eingebildete.
Müsste ich es noch einmal machen,
ich würde einfach versuchen,
immer nur einen Augenblick nach dem anderen zu leben
anstatt jeden Tag schon viele Jahre im Voraus.
Ich gehörte immer zu denen,
die nie ohne Thermometer, Wärmflasche, Gurgelwasser,
Regenmantel und Aspirin aus dem Haus gingen.
Könnte ich noch einmal von vorne anfangen,
würde ich viel herumkommen,
viele Dinge tun und mit wenig Gepäck reisen.
Könnte ich mein Leben nochmals leben,
würde ich im Frühjahr früher
und im Herbst länger barfuß gehen.
Und ich würde öfter die Schule schwänzen.
Ich würde mir nicht so hohe Stellungen erarbeiten,
es sei denn, ich käme zufällig daran.
Auf dem Rummelplatz würde ich viel mehr Fahrten machen,
und ich würde mehr Gänseblümchen pflücken.
Aber sehen Sie … ich bin 85 Jahre alt und weiß,
dass ich bald sterben werde.

Es gibt vermutlich nicht viele Menschen, die wie Montaigne geradeheraus sagen würden, dass sie, hätten sie noch einmal Gelegenheit, ihr Leben zu leben, es genauso wieder führen würden. Warum kommen Menschen erst am Ende ihres Lebens darauf, wenn sie überhaupt darauf kommen? Wie oft muss man uns noch sagen, dass wir auf dem Sterbebett nicht die Stunden bereuen werden, die wir nicht im Büro waren oder den Erwartungen anderer nicht entsprochen haben? Holt uns hier die Tragik unseres Lebens wieder ein? Unsere Mutlosigkeit? Wir können »alles auf eine Karte« setzen, wir können das Risiko in gewisser Weise vielleicht sogar streuen, wir können das große Los ziehen oder eine Niete. Schlimmer als das allerdings ist, es nicht versucht zu haben. Es geht darum, sich selbst die Erlaubnis hierzu zu geben. Denn nur wenn es uns gelingt, das Leben als ein Spiel anzusehen, wird es uns gelingen, die Freiheit, die darin steckt, auch zu erfahren. Und die Seele ihre Ruhe finden zu lassen. Denn was haben wir zu verlieren? Selbst im Falle des Scheiterns und auch der Tragik ist Schönheit zumindest noch ein Trost. Auch dies ist ein Hinweis darauf, dass Schönheit den Sinn in sich selbst trägt, sogar in passiver Form. Das heißt, auch dann, wenn ich nicht (mehr) in der Lage sein sollte, selbst Schönes zu schaffen oder zu tun, kann es mich noch erfreuen. Das tut jede Naturerfahrung, das tut das Betrachten eines Kunstwerks, das Schmecken eines Essens oder Weins, das Berühren von Menschen – oder, oft mit sehr viel Tiefe, Musik. Franz von Schober hat dies in einem von Franz Schubert vertonten Gedicht (»An die Musik«) ausgedrückt:

Du holde Kunst, in wieviel grauen Stunden
wo mich des Lebens wilder Kreis umstrickt
hast du mein Herz zu wahrer Lieb entzunden,
hast mich in eine beßre Welt entrückt.

Oft hat ein Seufzer, deiner Harf' entflossen,
ein süßer, heiliger Akkord von dir
den Himmel beßrer Zeiten mir erschlossen.
Du holde Kunst, ich danke dir dafür.[101]

Oder würden wir lieber Rilke zustimmen, der im Schönen nichts anderes sieht als *»des Schrecklichen Anfang, den wir noch gerade ertragen«*?[102]

Sicher, bei Rilke geht es nicht nur um das »schrecklich Schöne«, sondern um die Größe des Erhabenen, eines Engels eben, der es *»gelassen verschmäht, uns zu vernichten«*[103]. Aber genau das ist die »Offenheit«, für die wir als Menschen prinzipiell empfänglich sind – und der sich verschließt, wer Schönheit auf Makellosigkeit und Perfektion beschränken will, auf Zielgerichtetheit und Berechenbarkeit. Ein solcher Mensch hat bereits mit seinem Leben abgeschlossen, auch wenn er noch am Leben ist.

»Alles beginnt mit der Sehnsucht«, schreibt die Lyrikerin Nelly Sachs. Sehnsucht aber will gestillt werden, nicht auf ein Später vertröstet. Nicht selten verbindet

sich die Hoffnung auf ein anderes Leben mit dem Eintritt in den Ruhestand. Doch warum erst dann? *»Im Alter bereut man vor allem die Sünden, die man nicht begangen hat«*, meinte auch William Somerset Maugham (1874–1965) und reihte sich damit in die Galerie derjenigen ein, die vehement darauf pochen, dass das Leben nicht erst beginnt, wenn es fast vorbei ist. Auch der Dramatiker George Bernard Shaw (1856–1950) spottete: *»Die Jugend ist etwas Wundervolles. Es ist eine wahre Schande, dass man sie an Kinder vergeudet«*, und stellte ebenso resigniert fest: *»Warum bekommt der Mensch die Jugend in einem Alter, in dem er nichts davon hat?«*

Freilich, wenn man sich die Biografien mancher anschaut, deren Leben wir hier als Zeugen für Seelenruhe anführen, kann man den Eindruck gewinnen, man müsse mit dem sprichwörtlichen »silbernen Löffel im Mund« geboren worden sein, um das verwirklichen zu können. Seneca war Angehöriger des Adelsstands, einflussreicher Politiker und sehr vermögend. Montaigne ebenso, Schopenhauer von Beruf Erbe. Seine Bitte, das Gymnasium besuchen zu dürfen, hatte sein Vater ihm ausgeschlagen und ihm stattdessen eine längere Bildungsreise durch Europa angeboten. Er holte sein Abitur sozusagen auf dem »zweiten Bildungsweg« nach, nachdem er volljährig und in den Besitz seines Erbteils gekommen war, studierte zuerst Medizin, dann Philosophie und konnte fortan als Privatgelehrter leben und schreiben.

Doch natürlich gibt es genügend Gegenbeispiele: Epikur stammte zwar aus einem angesehenen Haus, aber seine Freunde waren es, die ihm das Geld für seine Schule im »Garten« am Rande Athens gaben, Epiktet war ein freigelassener Sklave, der zudem durch die Misshandlung seines »Herrn« zum Krüppel geworden war, Friedrich Schiller zwar hochgeschätzter Dramatiker, Dichter und Philosoph, aber seine bescheidenen Einkünfte mussten eben auch durch Gönner aufgebessert werden, und gerade die Briefe »Über die ästhetische Erziehung des Menschen« waren eine Auftragsarbeit, für die ihm eine auf drei Jahre befristete Leibrente zugestanden wurde (aus denen dann letztlich fünf werden sollten). Nietzsche, ein junges Genie, das seine vielversprechende Universitätskarriere als Professor für Altphilologie in Basel krankheitsbedingt mit Mitte dreißig abbrechen musste, konnte nur mit einer kleinen Pension, die ihm gewährt wurde, sein unstetes Leben fristen, bis er, knapp zehn Jahre später, den Rest seines Lebens in geistiger Umnachtung verbrachte.

Nein, so wenig, wie schwierige Lebensumstände förderlich sind, so wenig hindern sie. Die Betrachtung unseres Lebens als Spiel – wenn auch mit ungleichen Chancen – kann uns bereichern, ja, erst ermöglichen, zu uns selbst zu kommen. Wenn wir es wagen, können wir durchaus Meister unseres eigenen Lebens werden.

Wir müssen unsere Suche nach Seelenruhe nicht mehr – wie es in der Antike üblich war – auf dem Rücken von Sklaven austragen, nicht um den Preis der Unfreiheit anderer uns befreien. Wir brauchen auch keine besonders glücklichen Umstände dafür. Nur den Mut, unserem angeborenen »Spieltrieb« nachzugeben, jedenfalls öfter, als wir es uns gegenwärtig erlauben. Übung macht auch hier den Meister. Und vielleicht einige Ermutigung und Unterstützung durch andere hierzu.

Und es gibt ja auch genügend Beispiele, wie Menschen heutzutage sich von Überflüssigem befreien und dadurch zu ihrer Ruhe finden. Niko Paech, Professor für Volkswirtschaft an der Universität Oldenburg, ist ein solches lebendes Beispiel. Er vertritt eine »Post-Wachstums-Ökonomie«. Ebenso der Soziologe Harald Welzer, Mitbegründer und Direktor der Stiftung »Futurzwei«, aber auch eine Reihe junger und älterer Leute, die ihren Wunsch nach Seelenruhe schon vor der Zeit des Ruhestands verwirklichen. Tom Hodgkinson hat zwei – mit Augenzwinkern geschriebene – Bücher dazu verfasst.[104] Nur einen Fehler darf man dabei nicht machen: sie für eine wirkliche, praktikable Anleitung halten, die man Schritt für Schritt zu befolgen habe. Nein, das ist auch dieses Buch nicht. Es ist kein »Kochrezept mit Geling-garantie«. Das Wagnis, sein Leben zu leben und sich dafür zu entscheiden, es spielerisch zu sehen, muss jeder für sich selbst eingehen und verantworten. Es ist eine Einladung hierzu. Aber wer sich dafür entscheidet, seine Seelenruhe zu finden, der muss ohnehin ausgetretene Pfade verlassen.

»There is always an alternative«: Gerade das macht ja das Spielerische aus. Gerade das ist das Beruhigende, ja, Ermutigende daran. Und selbst der resigniert klingende kalifornische Mönch in »Borges'« Gedicht hat noch eine Chance, auch wenn ihm nur ein kleiner Rest des Lebens bleibt. Auch hier kann eine kurze Zeit des Glücks Jahre und Jahrzehnte vergeblicher Mühe aufwiegen. – Umgekehrt sind selbst äußerlich scheinbar glückliche Umstände keine Garantie für ein gelingendes Leben, schon gar nicht, um vor Schicksalsschlägen bewahrt zu werden; aber selbst wenn sie von ihnen mit voller Wucht getroffen werden, haben Menschen schon wieder Lebensmut gefasst. Die taubblinde amerikanische Schriftstellerin Helen Keller wäre beispielsweise zu erwähnen. Oder was soll man zu dem Physiker Stephen Hawking sagen, der während seines Studiums unheilbar erkrankte, seitdem im Rollstuhl sitzt, heute nur mittels Sprachcomputer kommunizieren kann und wissenschaftliche Werke von Weltrang schreibt? Ebenso kann man hier an den Studenten Samuel Koch denken, der 2010 bei einer Fernsehshow verunglückte und seitdem als Tetraplegiker im Rollstuhl sitzt. Sein mutiges Auftreten in den Medien ist ein Vorbild für alle, die meinen, das Leben sei nach solchen Unglücksfällen nicht mehr lebenswert.

Was soll uns auch sonst der Befund der Glücksforschung sagen, dass Menschen, etwa zwei Jahre nachdem sie aus der Bahn geworfen wurden, in aller Regel wieder so glücklich wie davor waren? Wie sonst sollte man es sich auch erklären, dass Menschen, denen vom einen auf den anderen Augenblick scheinbar alles genommen wird, doch wieder zu einem glücklichen Leben finden können? Freilich, man muss es nicht provozieren, nicht

»das Glück herausfordern«, aber ihm doch mehr zutrauen als zumeist – und ihm auch eine Chance geben.

Der auf einer wahren Begebenheit beruhende Kino-Überraschungserfolg des Jahres 2012 »Ziemlich beste Freunde« zeigt, wie zwei sehr unterschiedliche Menschen durch ihre Synergien das Beste aus ihrer Misere machen: der eine Milliardär, aber halsabwärts durch einen Unfall gelähmt und fast total bewegungsunfähig, der andere ein Unterprivilegierter, der sich als Kleinganove durchschlägt und den Gelähmten durch seine Respektlosigkeit beeindruckt, weil er ihm das Mitleid versagt. Beider Leben erhält durch ihre Begegnung eine überraschende Wendung: Der Gelähmte lernt seine langjährige Brieffreundin kennen, sein Pfleger kann ein neues, selbstbestimmtes Leben beginnen und seiner bisherigen Misere entkommen.

Wenn sich die Wege zweier solch unterschiedlicher Menschen kreuzen, bedarf es der Aufmerksamkeit des Augenblicks, um zu erkennen, dass hier die Karten des Lebensspiels neu gemischt werden und erstaunliche Synergien erzeugt werden können. Durchaus kann es dann den Betreffenden so vorkommen, als würde das Leben noch einmal beginnen oder es würde ihnen von vorn geschenkt, und selbst wenn sich die Wege dann wieder trennen, bleibt doch die Veränderung als solche unumkehrbar.

Ist das Trost genug? Ist das Motivation genug? – Doch mehr Ruhe und Beruhigung für unser Leben werden wir nicht finden, wenn auf der anderen Seite auch noch ein

»erfülltes« Leben stehen soll. Eines, das wir selbst erfüllen. Freilich, auch das endet, und auch Schönheit ist kein Garant für Ewigkeit, auch wenn sie »Menschen und Götter bezwinget«. Schiller hat dies in seiner »Nänie« zum Ausdruck gebracht:

Auch das Schöne muss sterben! Das Menschen
und Götter bezwinget,
Nicht die eherne Brust rührt es des stygischen
Zeus.
Einmal nur erweichte die Liebe den Schattenbe-
herrscher,
Und an der Schwelle noch, streng, rief er zurück
sein Geschenk.
Nicht stillt Aphrodite dem schönen Knaben die
Wunde,
Die in den zierlichen Leib grausam der Eber ge-
ritzt.
Nicht errettet den göttlichen Held die unsterbliche
Mutter,
Wann er, am skäischen Tor fallend, sein Schicksal
erfüllt.
Aber sie steigt aus dem Meer mit allen Töchtern
des Nereus,
Und die Klage hebt an um den verherrlichten
Sohn.
Siehe! Da weinen die Götter, es weinen die
Göttinnen alle,

Dass das Schöne vergeht, dass das Vollkommene stirbt.
Auch ein Klaglied zu sein im Mund der Geliebten ist herrlich;
Denn das Gemeine geht klanglos zum Orkus hinab.[105]

Wer jetzt meint, dies alles wiege den Verlust, die Trauer, die Sinnlosigkeit nicht auf, der soll die Gegenfrage beantworten: Soll demnach Mephistopheles recht bekommen, wenn er zu Faust sagt: *»Drum besser wär's, daß nichts entstünde«*?[106]
Es ist der Mensch, der dieser Welt, der seiner Existenz den Sinn geben kann. Grundvoraussetzung dafür aber ist, dieser Welt so, wie wir sie vorfinden, erst einmal zuzustimmen – und seiner Existenz ebenfalls. Diese Zustimmung bedeutet dann auch: Wir brauchen nicht die Welt neu zu erfinden, es genügt, was da ist, anzunehmen wie ein Geschenk und mit ihm zu spielen.

Die Zusammengehörigkeit von Geschenk und Spiel im »Heiligen« erkannt zu haben ist, wie Robert Pfaller beschreibt, das Verdienst von Georges Bataille (1897–1962). Dieser stützte sich dabei auf den Begriff des *sacre quotidien*, des »alltäglichen Heiligen«, den sein Weggefährte Michel Leiris geprägt hatte: *»eines Heiligen, das nicht jenes der institutionalisierten Religionen ist, sondern vielmehr die kleinen und auch großen Formen begreift, mit denen Menschen ihren profanen Alltag unterbrechen und ihm eine feierliche sowie sozial verbindende*

Dimension verleihen, etwa, wenn sie zusammen ein Glas Wein trinken«.[107] Ein Glas Wein, wohlgemerkt, nicht Mineralwasser oder Kräutertee. Man kann den Alltag nicht »heiligen«, indem man ihn mit Harmlosem füllt; das vielmehr hieße ja gerade, ihn in seiner Belanglosigkeit zu belassen. Das heißt jedoch auch: Das Heilige ist alles andere als ungefährlich. Aber: Verträgt sich so was mit »Seelenruhe«? Und haben wir den Mut, die unheimliche Seite des Heiligen in unser Leben zu lassen?

Wir werden es im Folgenden erkunden.

5

Gelassen in die Ausgelassenheit

»Der hat noch niemals eine Speise erfahren, nie eine Speise durchgemacht, der immer Maß mit ihr hielt. So lernt man allenfalls den Genuß an ihr, nie aber die Gier nach ihr kennen, den Abweg von der ebenen Straße des Appetits, der in den Urwald des Fraßes führt. Im Fraße nämlich kommen die beiden zusammen: die Maßlosigkeit des Verlangens und die Gleichförmigkeit dessen, woran es sich stillt. Fressen, das meint vor allem: Eines, mit Stumpf und Stiel. Kein Zweifel, daß es tiefer ins Vertilgte hineinlangt als der Genuß. So wenn man in die Mortadella hineinbeißt wie in ein Brot, in die Melone sich hineinwühlt wie in ein Kissen, Kaviar aus knisterndem Papier schleckt und über einer Kugel von Edamer Käse alles, was sonst auf Erden eßbar ist, einfach vergißt.«[108]

Mit einem guten halben Pfund Feigen, die er im sonnendurchfluteten Secondigliano, einem Dorf oberhalb von Neapel, im Straßenverkauf erwirbt und mangels Behältnis in seinen Hosen- und Jacketttaschen unterbringt, macht Walter Benjamin (1892–1940) diese Erfahrung. Ein Brief, den er bei sich trug und den einzuwerfen oder zu vernichten zu »einer der schwersten Entscheidungen« wurde, wurde im Kampf gegen den Überfluss durch die saftigen, prallen, klebrigen Früchte in Mitleidenschaft gezogen: *»Sein Schicksal war besiegelt, auch er mußte der großen Reinigung zum Opfer fallen; ich nahm ihn und zerriß ihn in tausend Stücke.«*[109]

Die Urgewalt, der sich Benjamin hier ausgesetzt sieht, ist keine externe wie ein Erdbeben, eine Flut, ein Orkan ein Vulkanausbruch. Diese Urgewalt wird sichtbar im Kampf gegen den Überfluss, und sie kommt aus seinem Innern. Warum konnte er nicht einfach »genug« sagen, als er sah, wie die Marktfrau »reichlich« wog, und sich herausstellte, dass er die Früchte nicht transportieren konnte? Das wäre doch nur vernünftig gewesen. Eben – es wäre *nur* vernünftig gewesen. Aber genau das sollte es hier nicht sein. Oder war es das Bedürfnis, sich durch Überflüssiges von einer schweren Entscheidung abzulenken? Einer doch wohl, die ihn aufwühlte, ihn seit Längerem beschäftigte, ihm die Ruhe raubte – und die ihm letztlich durch diese Erfahrung der Unmäßigkeit abgenommen wurde. Unverkennbar, wie erleichtert sich Benjamin nach dem Zerreißen des Briefes fühlte. Man spürt als Leser förmlich das befreite Aufatmen.

Mäßigkeit – wie sehr haben wir sie als einen Grund für die Seelenruhe gepriesen. Mit Epikurs »vierfachem Medikament« haben wir sie erlernt, an Freundschaft und im schönen Spiel erprobt – und jetzt schmeißen wir alles wieder über den Haufen und pfeifen auf Mäßigkeit? Auf Besonnenheit? Gelassenheit? – Ja, zugunsten der Verschwendung, des Leichtsinns, der Ausgelassenheit. Tatsächlich ist die Lust an der Verschwendung für Benjamin das Motiv für den Kauf überhaupt. Und warum? Weil die Seele mal in Ruhe *gelassen* wird – und sich nicht nur um sich selbst kümmert, sondern den Leib und das Leben zu seinem Recht kommen lässt: *»Man soll dem Leib Gutes tun, damit die Seele Lust hat, darin zu wohnen.«*[110]

Um das Leben zu bewältigen, um Seelenruhe zu erreichen, braucht es Vernunft und Mut, das haben wir in den vorangegangenen Kapiteln gelernt. Um es zu heiligen, braucht es den Übermut – und ein anderes, umfassenderes Verständnis von Vernunft. Und genau darum geht es hier. Am Ende des letzten Kapitels tauchte das »alltägliche Heilige« auf, ein Begriff, den Georges Bataille und sein Kollege Michel Leiris prägten. Es ist eines, das dem Leben nicht ehrfurchtgebietend entgegentritt, sondern es verwandelt – in ein Leben, das hier zu leben sich lohnt.

Das Leben heiligen

Das Leben »heiligen«, das hört sich genauso antiquiert an wie das Wort »Seelenruhe« selbst. Und was soll das heißen in Zeiten, in denen uns ohnehin so gut wie nichts mehr heilig ist? Heilig – das hängt mit »heil« im Sinne von »ganz« zusammen (siehe die englischen Begriffe *holy* und *whole*), mit »vollständig« oder gesund *(saint)* oder auch mit »Weihe«, etwas, was dem Weltlichen entzogen und dem Göttlichen übereignet wird (Opfer *[sacrificium]*). Auf jeden Fall ist es etwas, was eine besondere Verehrung genießt, etwas, was als größer, umfassender als man selbst betrachtet wird. Von daher erklärt sich auch das auf den ersten Blick unzusammenhängende Bedeutungsfeld, das vom griechischen Wort *therapeúein* (siehe Kapitel 1) und im Lateinischen von dem Wort *colere* abgedeckt wird: heilen, verehren, pflegen.

Unser Unbehagen, wenn nicht Unverständnis in der Zumutung, »das Leben zu heiligen«, liegt wohl an der Mehrdeutigkeit des deutschen Wortes, der wir hier deshalb ein wenig nachspüren. Denn in anderen Sprachen gibt es in der Regel mindestens zwei Begriffe für das, was »heilig« genannt wird, und damit werden durchaus unterschiedliche Sachverhalte bezeichnet: *holy* und *saint* im Englischen, *saint* und *sacré* im Französischen, *sacro* und *santo* im Italienischen – und natürlich auch im Lateinischen (*sanctus* und *sacer/sacrum*). Im Griechischen sind es sogar drei: *hágios*, *hierós* und *hósios*. *Hágios* ist mit der Bedeutung von *sanctus* identisch und meint die von Gott Berufenen (die Heiligen; so etwa spricht der Apostel Paulus in seinen Briefen die Mitglieder der von ihm gegründeten und betreuten Gemeinden an: *hágioi*); *hierós* mit *sacrum*, was von göttlicher Macht erfüllt ist. Das dritte Wort, *hósios*, würden wir im Deutschen mit »heiligmäßig« wiedergeben, also etwa im Sinne von »fromm« oder »gottgefällig«.

Vom *sacre quotidien*, vom »alltäglichen Heiligen«, soll hier die Rede sein, das heißt: Wir meinen »heilig« in der Bedeutung des *sacrum/hierós*. Im Gegensatz zu *sanctus/hágios* ist es das, was in der Welt als heilig und damit machtvoll erscheint – es ist »überwältigend« –, nicht außerhalb von ihr, von ihr abgetrennt, »absolut«, sondern es berührt die Welt, wenn es ihr auch nicht unbedingt immanent ist. Es ist etwas, was der Welt »vertraut«, jedenfalls nicht völlig fremd ist. Und während *sanctus*, *hágios*, *saint* und auch *hósios*, also »heiligmäßig«, ein Bekenntnis zu einem Gott, zu einer Religion voraussetzen, um überhaupt verstehen zu können, um was es sich handelt, ist die Erfahrung des *sacrum/hierós* nicht konfessionell gebunden. Es leuchtet schon von daher ein, dass das »alltägliche Heilige« nicht *hósios* sein kann. Es ist vielmehr die Erfahrung des »Erhabenen«, Sublimen, des Überwältigenden. Dabei geht es nicht um blendende Vollkommenheit, glanzvolle Perfektion, sondern darum, dass das Heilige (im Sinne von *hierós*) auch furchteinflößend sein kann, übermächtig in unseren Alltag hereinbricht, uns überwältigt, aber auch gegebenenfalls verführt. Es ist das *»schmutzige Heilige«*, das ohne die Welt und ohne den Menschen nicht ist.[111]

Im Gegensatz zur Vollkommenheit und »Heiligmäßigkeit«, die ich erstreben kann, indem ich geflissentlich Weisungen befolge (göttliche Gebote), bin ich beim Erhabenen auf direkte Erfahrung angewiesen, und diese tritt ein – oder auch nicht. Sie vermag man nicht zu erzwingen, auch wenn man sie suchen kann. Jeder Zwang ist hier wirkungslos, wäre nur ein »fauler Zauber« – so wie in Goethes Gedicht »Der Schatzgräber«.[112] Das Heilige selbst taucht in diesem Gedicht auf und klärt den Handelnden über seinen Irrtum auf, sich durch »richtige Formeln« und penibel ausgeführte Rituale, durch Befolgen von Regeln in den Besitz des gesuchten Schatzes bringen zu können: *»Grabe hier nicht mehr vergebens«*, rät der »schöne Knabe«.

Der Zauber des »alltäglichen Heiligen« ist nicht vom Beschwerlichen des Alltags zu trennen. Und nein, es handelt sich bei dem Vers am Ende des Gedichts nicht um einen Ratschlag im Geiste des Pietismus oder Puritanismus, den Goethe gibt. Denn »Tages Arbeit« und »saure Wochen« mögen wohl nach deren Geschmack sein, aber »frohe Feste« oder »abends Gäste« widersprechen diesem kargen Geist. Sie würden aus deren Sicht das mühsam Errungene wieder »gewöhnlich« machen, beschmutzen, durch Gebrauch oder Genuss erniedrigen, was man so hart erkämpft hat. Das alles gilt als »eitel« und bloßer Schein, als wertlos im Hinblick auf das Himmelreich, die »Gemeinschaft der Heiligen«. Die dänische Schriftstellerin Tania (Karen) Blixen (1885–1962) hat diese Haltung in ihrer zauberhaften Erzählung *Babettes Fest*[113] literarisch festgehalten, aber auch geschildert, was passiert, wenn sich dann die sinnliche, irdische Freude am Genuss doch mal unverhofft Bahn bricht und man sich dem nicht entziehen kann. Doch das ist die Ausnahme, die die Regel bestätigt. Vielmehr braucht man Müh und Plage und Verzicht für das Bewusstsein

Der breite und der schmale Weg[115]

des »Erwähltseins« und dann aber auch das Versprechen, dass man im »Paradies« für diese heroische Lebensführung entschädigt wird, während die anderen ihren Lohn schon erhalten haben und ihr Weg unentrinnbar ins Verderben führt. Dass diese Rechnung nicht aufgeht, hat Friedrich Schiller in den letzten Strophen seines Gedichts »Resignation« zum Ausdruck gebracht, in denen die Seele eines Verstorbenen nun den »gerechten Lohn« für die Entbehrungen im irdischen Leben einfordert und zur Antwort erhält:

Mit gleicher Liebe lieb ich meine Kinder!
rief unsichtbar ein Genius.
Zwei Blumen, rief er? hört es Menschenkinder?
Zwei Blumen blühen für den weisen Finder,
sie heißen »Hoffnung« und »Genuß«.
Wer dieser Blumen Eine brach, begehre
die andre Schwester nicht.
Genieße, wer nicht glauben kann. Die Lehre
ist ewig, wie die Welt. Wer glauben kann, entbehre.
Die Weltgeschichte ist das Weltgericht.
Du hast gehofft, dein Lohn ist abgetragen,
dein Glaube war dein zugewognes Glück.
Du konntest deine Weisen fragen,
was man von der Minute ausgeschlagen,
gibt keine Ewigkeit zurück.[114]

Und das gilt auch von der ins Unendliche verlängerten Existenz, so sie denn mal irgendwann möglich sein sollte (siehe Kapitel 2).

Die neue Innerlichkeit und die veräußerte Seele

Seit dem Werk des Soziologen Max Weber (1864–1920) ist es üblich geworden, die »protestantische Ethik« und ein »verinnerlichtes Christentum« mit dem »Geist des Kapitalismus« in Verbindung zu bringen und sie in Kontrast zu dem »lebensfrohen Katholizismus« zu setzen. Blixens Novelle scheint das auch nochmal zu betonen. Doch sind die Wurzeln dieser Spaltung wohl viel älter, obwohl Reformation und aufstrebendes Bürgertum dem Frühkapitalismus und auch dem Kapitalismus überhaupt zweifellos richtungsweisende Impulse gegeben haben – ein stabiles Weltbild, das bis heute nachwirkt. Und auch das Barock, von der Gegenreformation als Strategie der Üppigkeit und des Überflusses zur »Demonstration göttlicher Pracht und Macht« gegen die protestantische Kargheit und Bilderstürmerei instrumentalisiert, scheint diesen Kontrast zu bestätigen.

Der Titel eines Aufsatzes des katholischen Theologen und Religionsphilosophen Romano Guardini (1885 – 1968) über »klassische und deutsche Bildung« gibt einen Hinweis für diese Suche nach dem älteren grundlegenden Konflikt: *Thule oder Hellas?* lautet die Schrift, die er unter dem Pseudonym »Anton Wächter« 1920 veröffentlichte. Guardini macht den Unterschied zwar daran fest, dass griechische und römische Kultur im Vergleich zur »nur« emotional zugänglichen germanischen allgemeinen luziden Gesetzen der Vernunft folgt und sich dabei auf Prinzipien stützt: *»›Klassisch‹ ist die Gestaltung von Werk und Leben, die aus einem Gefühl klarer Ausgeglichenheit hervorgeht, wie sie geschichtlich bisher am vollkommensten in der griechisch-römischen Kultur gegeben ist … sie ist voll ruhiger, weil aus vernünftiger Ordnung erwachsender Sicherheit.«*[116] Aber es ist ja kein Zufall, dass gegenwärtig der europäische Konflikt um die richtigen oder angemessenen Wege zur Lösung der »Eurokrise« sich an diesen historisch-kulturellen Grenzen abspielt. Demnach wäre der grundlegende Dissens kein religiöser und auch kein konfessioneller, sondern ein kultureller: nämlich der zwischen den klassischen Weltreichen und Hochkulturen der Antike – und hier natürlich vor allem des Römischen als Nachfolger des Hellenischen Reichs – und den Kulturen außerhalb ihrer, den sogenannten »barbarischen«, insbesondere den nordisch-germanischen. Deshalb wurde und wird etwa die »südeuropäische« gegen die »deutsche« Mentalität ausgespielt, ist ein »Nord-« und ein »Süd-Euro« im Gespräch, ein Ausschluss Griechenlands aus der Eurozone und so weiter Thema. Nicht zuletzt dies war der Anlass für das Gedicht »Europas Schande« von Günter Grass mit dem bitteren Fazit: *»Geistlos verkümmern wirst Du ohne das Land, dessen Geist Dich, Europa, erdachte.«*[117]

Diese (Mentalitäts)grenze verläuft sogar ziemlich exakt auch im heutigen Deutschland und Europa entlang des »Limes«, des römischen Grenzwalls, der das »zivilisierte Römische Reich« von den unterentwickelten Barbaren trennte – genauer sogar: entlang des obergermanisch-rätischen Limes, also etwa am Verlauf von Rhein und Donau. Auch heute noch haben wir den »fröhlichen Rheinländer« im Westen und den »lebensfrohen, genussfreudigen Süden« auf der einen sowie die hier eher zurückhaltenden Deutschen im Norden und Osten auf der anderen Seite, wobei dann die Reformation, deren Urheber aus Wittenberg (»jenseits« des Limes) stammt, nachgerade als »verspätete germanische Rache« an den Römern erscheint, deren Erbe wiederum das »Heilige Römische Reich Deutscher Nation« war.

Das ist sicher etwas arg überspitzt formuliert und soll hier nicht wissenschaftlich seziert werden. Und man tut dem Reformator Luther sicher unrecht, wenn man ihn als einen dem Genuss und der Lebensfreude abholden Fanatiker abstempelt; das Gegenteil ist der Fall, wie Peter Peter in seiner *Kulturgeschichte der deutschen Küche*[118] zeigt. Und die konfessionellen Grenzen sind ohnehin fließend, eingedenk der Schlagfertigkeit Erasmus' von Rotterdam, die in folgender Anekdote aufblitzt: Als er einmal in der Fastenzeit einen edlen Burgunder trank, soll er auf die Vorwürfe seines Bischofs geantwortet haben: *»Eminenz, nur mein Herz ist katholisch, mein Magen ist evangelisch.«* Mit Calvin verhielt es sich freilich anders.

Es geht hier deshalb zuallererst darum zu verstehen, welche »Grenze« in unseren Köpfen verläuft und welche Einflüsse, unabhängig von weltanschaulichen Bekenntnissen und Einstellungen, bei uns immer noch wirksam sind. Eine verallgemeinernde geografische oder historische Verifikation dieser Ansicht wäre daher müßig. Zudem versteht sie sich auch nicht als »These«, sondern eher als Denkanstoß und Veranschaulichung. Immerhin sind sowohl das Römische Reich als auch das Heilige Römische Reich Deutscher Nation schon seit ein paar Tagen Geschichte. Vielmehr scheint es sich um so etwas wie »kulturelles Bewusstsein« – oder auch »kollektives Unbewusstes« – zu handeln und somit um eine Art »Hilfestellung«, um sich selbst und seinen Motivationen ein wenig auf den Grund zu kommen, vielleicht auch, um sich »mit sich selbst« zu versöhnen. Und da geht es, unabhängig vom konkreten Einzelfall, eher wild durcheinander. Man trifft natürlich sowohl sinnenfreudige Protestanten oder Nordlichter als auch verzichtsverliebte Katholiken und verhärmte Südländer an. Wobei das »Unbewusste« uns schon noch einen Streich spielt. Denn die Sehnsucht der Nordlichter nach der Sonne, dem Glanz und der Lebensfreude des Südens ist ja ungebrochen; fast könnte man von so etwas wie einer »Hassliebe« sprechen. Man muss sich ja nur mal die bevorzugten Urlaubsziele der Nordeuropäer anschauen: *»Kennst du das Land, wo die Zitronen blüh'n?«*[119] Es verhält sich dementsprechend eher so wie bei Faust, wenn er seinem Famulus Wagner während des Osterspaziergangs gesteht: »*Zwei Seelen wohnen, ach! in meiner Brust …*«[120] Das ist so ziemlich das Gegenteil von der Definition, die Aristoteles für die Freundschaft (eine Seele in zwei Körpern) gibt – und natürlich auch nicht gerade förderlich, wenn man sich um Freundschaft mit sich selbst bemüht (siehe Kapitel 3). Zwietracht statt Eintracht im eigenen Haus (oder im eigenen Sein), innerliches Zerrissensein. Das lässt zudem vermuten, dass die »Hassliebe« sich auch gegen die eigene Person richtet und dass eigentlich ein Minderwertigkeitskomplex die Ursache dafür ist, wenn wir uns mit der »Fülle des Daseins« nicht unbeschwert anfreunden können, sie sogar diskreditieren müssen, um »gerechtgemacht aus Glauben« (Röm 5, 1) zu sein. Typisch: Man haut den Sack und meint den Esel. Das gilt selbst für diejenigen, die als waschechte Materialisten und überzeugte Anhänger des Kapitalismus selbst nie eine Kirche oder ein anderes Gotteshaus, seien sie protestantisch, katholisch oder sonst einer Konfession zugehörig, von innen gesehen haben, das Neue Testament bestenfalls für eine Erbschaftsregelung halten und sich als »agnostisch« oder »atheistisch« oder sonst wie »ungläubig«, weil angeblich »säkular« und »aufgeklärt«, bezeichnen, aber natürlich an die »unsichtbare Hand« oder »Selbstregulierung des freien Markts« glauben. Stattdessen verlegen sich die asketischen »Erfolgsmenschen« von heute auf Ersatzreligionen und wollen ihrerseits die »reine Lehre« predigen, üben sich, sofern sie sich moralisch überhaupt ansprechen lassen, in Weltverbesserung durch Political Correctness und Abstinenzlertum oder auch als militante nichtrauchende Vegetarier beziehungsweise Veganer. Es ist wohl nur noch eine Frage der Zeit, bis das erste keusche Bordell eröffnet wird, bei dem die Freier bei Tee und Gebäck lediglich mit den Damen parlieren, wobei gegebenenfalls obszöne Worte mit dem Rohrstock – ach nein, Verzeihung, das könnte ja schon zu anzüglich sein …

Derweil terrorisieren sie die Öffentlichkeit mit Forderungen nach Rauchfreiheit, Alkoholfreiheit, Keimfreiheit, Lustfreiheit und sind sogar der Überzeugung, durch diese Entmündigung der Öffentlichkeit einen Dienst zu erweisen.

Dabei sind sie blind gegenüber ihrer eigenen Verstrickung im herrschenden System, weil ihre Verhaltensweisen, insbesondere das Konsumverhalten, aber auch dessen Abwehr, auch nur die Kehrseite der Medaille sind. Das heißt nichts anderes, als den sprichwörtlichen Teufel mit dem Beelzebub auszutreiben. Denn die »Verinnerlichung« des »Sich-Versagens« hat leider die Veräußerung der Seele zur unerbittlichen Konsequenz. Man braucht sich ja nur mal die aufgesetzte, unglaubwürdige »Fröhlichkeit« solcher Zeitgenossen zu betrachten. Es zerreißt sie innerlich. – Nein, zur »Erlösung«, zur Seelenruhe, bleibt uns nur, dem »schmutzigen Heiligen« erneut zu seinem Recht zu verhelfen. Hierzu meinte schon Montaigne: *»Man sollte den Lüsten weder nachlaufen noch vor ihnen wegrennen. Man sollte sie willkommen heißen.«*[121] Zeigen wir uns also als gute Gastgeber mit Gästen und Festen, die das Maß überschreiten, auch im eigenen Interesse oder wenigstens zur Pflege unserer Seele.

Die »Verdoppelung der Vernunft«

Das schmutzige Heilige in den Alltag zu lassen bedeutet ja nicht, diesen oder seine Beschwerlichkeiten abzuschaffen oder zu leugnen, sondern sie erträglich zu machen. So wie die Begegnung mit dem »Heiligen« nicht erzwungen werden kann, so ist aber auch dessen bereichernde Wirkung nicht einfach herbeizuzaubern – schon gar nicht bloß mit Geld (dem Schatz, den der Schatzgräber im Goethe'schen Gedicht sucht, *»um zu enden meine Schmerzen«*) –, das ist ungefähr so wirkungsvoll, wie mit Rotweinkapseln (so etwas gibt es tatsächlich!) eine Party zu schmeißen, weil man zwar die herzschützende Wirkung aus den Trauben, nicht aber die »schädlichen Konsequenzen« des Alkohols haben will.

Das alltägliche Heilige, das mir begegnen kann, ereignet sich. Mag sein, dass diese Erfahrung »unaussprechlich« ist, jedenfalls ist sie ein »Mysterium«. Aber eben weil es nicht gelehrt, nicht erarbeitet, nicht erstrebt, sondern nur erfahren werden kann, waren Mystiker den offiziellen Religionen und Institutionen immer suspekt, egal, ob es sich um christliche, jüdische oder islamische Mystiker handelte. Ihr Ziel ist die Vereinigung mit dem Göttlichen, der *hierós gámos*, die »heilige Hochzeit«.

Nun muss man nicht in jene schwindelerregenden Höhen aufsteigen, um dieses Heilige im Sinne des *hierós* zu erfahren. Auf einer viel einfacheren Ebene erkennen wir es, wenn wir etwas als »zauberhaft«, als faszinierend empfinden, jemanden als »vor Charme sprühend« oder gar als charismatisch (das heißt im eigentlichen Sinne »begnadet«) erleben. Charmante Menschen bezaubern durch ihre Eleganz und ihren Stil, charismatische Persönlichkeiten ziehen uns in ihren »Bann«.[122] All diese Begriffe weisen auf eine Fülle hin, die die Mäßigkeit oder sogar Kargheit des Alltags überstrahlt. Die Seele »tritt aus sich heraus«, gerät in Ekstase, wird eins mit der Welt, steht im Einklang mit ihr – durch das Feiern des Augenblicks, allein, mit anderen, durch Bewegung, Musik und Tanz, durch »Schwelgen im Hier und Jetzt«. Unsere »animalischen Bedürfnisse« werden durch die Begegnung mit diesem »Heiligen« auf eine andere, eine höhere Ebene gebracht. Der angemessene Umgang mit den Bedürfnissen ist, sie zuzulassen, sie einzubinden, indem wir sie zivilisieren, das heißt, ihnen Raum geben, ihnen zu ihrem »Recht« verhelfen und sie nicht diskreditieren. Jeder Kampf dagegen, jeder Versuch, sie auszurotten, ist zum Scheitern verurteilt, sosehr er auch von Eiferern immer wieder geführt wird. Mehr noch: Wir selbst erfahren uns und die Welt durch sie zwar als »mangelhaft«, werden aber durch die Begegnung mit dem »schmutzigen Heiligen« bereichert, ganz gemacht, geheilt.

Dabei gibt es auch und gerade kulturelle Formen, die nicht der Animalität entspringen, sondern der Kultur, die reiner Genuss sind (Alkohol, Rauchen). Sie bewirken »Verfeinerung« und wirken erstaunlicherweise »animierend« (beseelend). Nur die Dosis macht hier das Gift.

Die Grenze zum Exzess ist nicht weit, aber auch eine gelegentliche Überschreitung nicht gefährlich, sondern kann der Seelenruhe sogar förderlich sein. Gesundheitsapostel und Drogenbeauftragte mögen darüber anders denken und meinen, den Gebrauch dieser Mittel allgemein unterbinden oder erschweren zu müssen, weil er Missbrauch nicht verhindere. Doch es verhält sich umgekehrt: Der Missbrauch schließt den Gebrauch nicht aus. Dieses »Aus-sich-heraus-Gehen«, diese Überschreitung der Grenzen, ist, wie Robert Pfaller bemerkt, ein Zeichen von Vernünftigkeit, denn: *»Genau wie mit der Erwachsenheit verhält es sich auch mit ihrer philosophischen Schwester, der Vernunft. Auch diese muss, um Vernunft zu sein, sich verdoppeln und nicht bloß vernünftig sein, sondern auch ein vernünftiges Verhältnis zu sich selbst herstellen; also auf vernünftige Weise vernünftig sein. Durch diese Verdoppelung entwickelt die Vernunft nicht nur Selbstreflexion, sondern vor allem auch etwas Gemäßigtes, Mildes.«*[123] Auf vernünftige Weise vernünftig sein – das erinnert an die zweite Mahnung des delphischen Apollotempels: »Nichts im Übermaß.« Das gilt nicht nur für den Genuss, sondern auch für die Vernunft. Und nicht nur das: Es setzt Energien frei.

Goethe hat das im *Götz von Berlichingen* so ausgedrückt: *»Der Wein erfreut des Menschen Herz, und die*

Freudigkeit ist die Mutter aller Tugenden. Wenn Ihr Wein getrunken habt, seid Ihr alles doppelt, was Ihr sein sollt, noch einmal so leicht denkend, noch einmal so unternehmend, noch einmal so schnell ausführend.«[124]

Wohl wissend, dass man sich so die Jugend erhält, verfasste der Dichterfürst auch die bekannten Verse:

Trunken müssen wir alle sein!
Jugend ist Trunkenheit ohne Wein;
Trinkt sich das Alter wieder zu Jugend,
so ist es wundervolle Tugend
Für Sorgen sorgt das liebe Leben
Und Sorgenbrecher sind die Reben.

Solang' man nüchtern ist,
gefällt das Schlechte;
wie man getrunken hat,
weiß man das Rechte.[125]

Man kann auch sagen, die Vernunft wird erträglich. Und auf jeden Fall ist eine doppelte Vernunft erträglicher als eine doppelte Moral. Und wie unerträglich Zeitgenossen sind, die sich ständig als »vernünftig« gerieren, hat mancher schon sicher selbst erfahren. Das ist übrigens keine neue Marotte, sie scheint in jeder Generation, in jedem Zeitalter aufzutauchen. Auch Montaigne klagte bereits: »[Es gibt] *Leute, die, wie Aristoteles sagt, aus schrecklicher Stumpfheit keine Freude daran* [an der sinnlichen Lust] *haben. Ich kenne andere, die sie verabscheuen, um sich dessen rühmen zu können. Warum verzichten sie nicht gleich aufs Atmen? Warum leben sie nicht von ihrer eigenen Luft? Warum verschmähen sie nicht das Licht, weil es gratis leuchtet und ihnen weder geistige noch körperliche Anstrengung abverlangt? Mögen sie zusehen, ob sie mit Mars, Minerva oder Merkur besser fahren als mit Venus, Ceres und Bacchus. Womöglich tüfteln sie, während sie auf ihren Frauen liegen, die Quadratur des Kreises aus.«*[126]

Muss ich nun ausdrücklich bemerken (um furchtsame Seelen zu beruhigen), dass damit nicht dem Abgleiten in die Sucht das Wort geredet wird? Nein, der Leser wird gerade hier nicht für so unmündig gehalten, dass er eigens davor gewarnt werden müsste. Liebe, Essen und Wein – symbolisiert durch die drei griechisch-römischen Gottheiten Aphrodite/Venus, Demeter/Ceres und Dionysos/Bacchus – gegen Krieg, Wissenschaft und Handel (für die Ares/Mars, Athene/Minerva und Hermes/Merkur stehen). Kann man den Antagonismus anschaulicher ausdrücken, der hier herrscht? Sich aus den Zwängen des Alltags und der Doppelmoral zu lösen und zu den Quellen der Lebendigkeit zu gelangen. Und genau das ist der Grund, weshalb man das Leben nicht nur bewältigen, sondern heiligen soll.

Ebendiese Einsicht bewog auch keinen Geringeren als ausgerechnet den sittenstrengen Stoiker Seneca, seinem Freund Serenus am Ende seiner Schrift *Über die Seelenruhe* zu raten: *»Gewähren muss man der Seele Entspannung: besser und leidenschaftlicher wird sie sich nach*

»Ohne Ceres und Bacchus friert Venus«:
Die Terenz zugeschriebene Sentenz war ein beliebtes Sprichwort und Motiv in der bildenden Kunst der frühen Neuzeit; hier Peter Paul Rubens: *Venus, Cupido, Bacchus und Ceres* (1612/13)

der Ruhe erheben ... Es entsteht aus andauernden Anstrengungen eine Art seelischer Abstumpfung und Schlaffheit.«[127] Wer hätte vermutet, das aus seinem Munde zu hören? Aber er hatte Seelenruhe ja auch nicht aus den Begriffen »Apathie« (Unempfindlichkeit) oder »Ataraxie« (Unerschütterlichkeit), sondern von Demokrits Haltung der Euthymie (Frohgemutsein, Heiterkeit) hergeleitet. Gerade den letzten Satz sollte man der heutigen aseptischen Leistungsgesellschaft ins Stammbuch schreiben, die alles nur noch aus der Perspektive der Zweckmäßigkeit und der Effizienz sieht.[128] Es entbehrt ja nicht einer gewissen Ironie, dass gerade die, die am lautesten danach rufen, dass »Leistung sich wieder lohnen« müsse, die heutigen sogenannten Liberalen sind – die eine »Freiheit« predigen, in der ein anständiger Römer oder Grieche, sei er Stoiker oder Epikureer, wohl höchstens eine freiwillige Form von Servilität gesehen hätte. Montaignes Freund Étienne de La Boétie hatte dies bereits hellsichtig erkannt. Er ging in seinem Werk *Von der freiwilligen Knechtschaft* dem seltsamen Phänomen nach, weshalb Menschen andere Menschen als Autoritäten anerkennen und sich ihrer Macht unterwerfen, obwohl diese nicht bestünde, wenn sie den Betreffenden diese Anerkennung nicht leisteten. Die Kernthese seines Buches lautete: *»Entschließt euch, nicht länger Knechte zu sein, und ihr seid frei!«*[129] Montaigne, der La Boéties Nachlass verwaltete und teilweise edierte, kleidete diese These in die fast schon nietzscheanisch klingenden Worte: *»Wer sterben gelernt hat, hat das Dienen verlernt.«*[130] Das muss man nicht gleich wörtlich nehmen. Es genügt, sich die Illusion dessen, wovor wir uns fürchten, klar und deutlich vor Augen zu führen, um es zu entmachten.

Demgegenüber haben wir es allerdings heutzutage mit einer besonderen Form der Dienstfertigkeit zu tun, denn die Betreffenden unterwerfen sich ja noch nicht einmal einer konkreten Person, die als mächtiger oder höherstehend empfunden oder erlebt wird, sondern einem unsichtbaren, nicht greifbaren, unpersönlichen »höheren Prinzip«, dem dies angeblich geschuldet wird und dem sogar Chefs unterstehen, wie sie immer wieder versichern. Damit wird dieses »höhere Prinzip« ungreifbar, unangreifbar, unantastbar (»alternativlos«) und selbst zu etwas »Mysteriösem«. Es ist daher gut, sich den Rat von Epikur aus dem *Tetrapharmakon* (»Keinen Schrecken erregt der Gott ...«, siehe Kapitel 2) wieder ins Gedächtnis zu rufen und sich klarzumachen, wie sehr Seelenruhe damit zusammenhängt, diese Illusion zu durchschauen. Oder auch Epiktets Mahnung, nicht die Dinge beunruhigten uns, sondern unsere Meinungen über die Dinge. Hilfreich kann dabei sein, sich gerade Tätigkeiten zu widmen, die die Anspannung aufheben. Und Seneca nennt klassische Beispiele in der Antike hochgeschätzter Männer, die genau dieser Gefahr entgingen: Sokrates spielte mit Knaben Murmelspiele, Cato entspannte sich beim Wein, Scipio, der Sieger über Hannibal, beim Tanz. Das klingt erst mal harmlos, aber wer je ambitionierte Eltern in Sorge um die Zukunftschancen ihrer Sprösslinge erlebt hat, die ihren Dreikäsehochs, kaum dass diese selbstständig laufen und ein bisschen plappern können, einen Englisch- oder gar Chinesischkurs im Privatkindergarten verordnen, statt mit ihnen zu spielen, wird vielleicht Sokrates' Verhalten mit anderen, verständnisvolleren Augen sehen. Das wäre ja schon mal ein Anfang.

Gelassenheit, gerade Ausgelassenheit wäre hier wohl eher die angebrachte Medizin. Ja, selbst nach Seneca darf man es als Erwachsener gelegentlich sogar *»bis zur Trunkenheit kommen lassen, nicht, damit sie uns untertauche, sondern eintauche: sie spült nämlich die Sorgen*

Humorvoll setzte sich Achim Greser mit der auch im Deutschen vorhandenen Verbindung von »Lesen und Trinken« auseinander

hinweg, bewegt in der Tiefe das Gemüt, und wie manche Krankheiten, so heilt sie auch die Niedergeschlagenheit, und Liber wird nicht wegen der Freiheit der Sprache genannt der Erfinder des Weines, sondern weil er von dem Druck der Sorgen befreit die Seele und erlöst und ermuntert und ermutigt zu allen Unternehmungen.«[131]

Man kann es für Zufall halten, dass *liber* eben nicht nur eine etymologische Wurzel mit dem Buch *(liber, libri)*, sondern auch mit der Freiheit *(libertas)* teilt. *Liberi* wurden die Kinder der »Freien« genannt. Am Fest des Gottes Liber, den sogenannten Liberalia, die die Römer im März feierten, wurde Jünglingen traditionell und öffentlich die Männertoga angelegt, und sie wurden für erwachsen erklärt.

Welch eine Wohltat im Vergleich zu unserer modernen Gesellschaft, in der die Lust am Genuss und des bunten Fabulierens der Lust am Verbieten und der Political Correctness weichen muss, *»weil sich nun einmal nicht gehört, was gottlos und beneidenswert«.*[132]

Dieser Lust des Verbietens, die eine Frucht des Neids und der Missgunst ist, fallen selbst klassische Kinderbücher wie *Pippi Langstrumpf* zum Opfer, wenn man zum Beispiel nicht mehr vom »Negerkönig Ephraim Langstrumpf« sprechen darf,[133] sondern demnächst vielleicht gerade noch vom »CEO der Maximalpigmentierten«. Denn natürlich ist nicht nur die Bezeichnung »Neger«, sondern auch die Existenz eines »Königs« in unseren spießbürgerlichen Zeiten höchst unangemessen. Wie Robert Pfaller bemerkt, geht es beim Neid und bei der Missgunst nämlich nicht darum, dass andere etwas haben, was ich selbst nicht habe oder mich zu tun traue, sondern dass der andere etwas nicht haben oder tun soll, was ich selbst gar nicht will oder mir versage.[134] Die Lust an der Kontrolle und dem Verbieten kann dann sogar bis zum Denunziantentum gehen. Am Beispiel der Verschärfung des vorher schon strikten Rauchverbots in Gaststätten wurde sichtbar, welche Lust und Freude es verbiesterten Zeitgenossen bereitete, Zuwiderhandlungen oder Übertretungen unverzüglich anzuzeigen und sich zu beschweren, obwohl niemand gezwungen wird, solche Orte aufzusuchen oder in ihnen zu verweilen.

Ob derlei Verkrampfungen und Verrenkungen wirklich dazu dienen, den Respekt vor Menschen anderer Hautfarbe oder das Verständnis für historische Bedingtheiten oder persönliche Verhaltensweisen zu fördern (auch seine eigenen), ohne sich darüber zu erheben, ist jedenfalls äußerst zweifelhaft. Auch hier wäre eine ordentliche Portion Gelassenheit höchst hilfreich, ja, befreiend.

Grenzen des Alltäglichen – wie man sie überschreitet und zugleich anerkennt

Erinnern wir uns daran, dass wir in Kapitel 1 »Grenzziehungen« als einen Akt der Souveränität bezeichnet haben. Nur solche Grenzen, die ich selbst gezogen habe, kann ich auch gefahrlos gelegentlich überschreiten. Überlasse ich die Grenzziehung dagegen anderen, muss ich damit rechnen, dass jede Übertretung auch von diesen sanktioniert wird. Ein Grund mehr, dafür zu sorgen, dass man seine Grenzen selbst kennenlernt, indem man sie austestet, zumindest gelegentlich mal aufsucht.

Diese Grenzüberschreitung geschieht bewusst – in vollem Wissen oder besser: bei bewusster Inkaufnahme von Konsequenzen. Wir können sogar davon ausgehen, dass, wer eine solche Entscheidung trifft, einen »Heidenspaß« daran hat, diese Grenzen zu überschreiten. Das »Ich weiß zwar, dennoch aber …«[135] ist das Gegenteil von »Ich habe nicht gelebt, warum muss ich sterben?«. Gut gemeinte Warnungen davor sind nutzlos, wie auch die Geschichte der frommen Helene bei Wilhelm Busch zeigt. Onkel Nolte und die Tante warnen ihr Ziehkind *»vor allem Bösen. Es macht Pläsier, wenn man es ist, es macht Verdruss, wenn man's gewesen … Drum soll ein Kind die weisen Lehren der alten Leute hoch verehren. Die haben alles hinter sich und sind gottlob recht tugendlich.«*[136] Das implizite Eingeständnis der Alten, dass man selbst ja gelebt hat, weil man es erlebt hat, ja gerade deshalb »gottlob recht tugendlich« sein kann, steckt da drin und macht ihre Warnung besonders perfide und unglaubhaft, was das Kind natürlich merkt. Dass und wie Helene die Warnungen in den Wind schlägt und keinesfalls auf eigene Erfahrungen und auch eigenes lustvolles Tun Verzicht leistet, zeigt der Fortgang der Geschichte. In die Hölle kommt Helene am Schluss natürlich nicht, weil sie ihre eigenen Erfahrungen gemacht hat, sondern aufgrund ihrer Heuchelei und Frömmelei, mit denen sie den Schein der ehrbaren Bürgerlichkeit aufrechtzuerhalten, ihre »Abgründe« und auch zum Teil ihre Bosheit zu kaschieren oder zu »sühnen« versucht: *»Ein guter Mensch gibt gerne acht, ob auch der andere was Böses macht, und strebt durch häufige Belehrung nach seiner Bessrung und Bekehrung.«*[137] – Folgerichtig trifft sie im Höllenfeuer auf »den heiligen Vetter Franz«. Aber nicht auf ihren Ehemann Schmöck, der dank seiner ungehemmt zur Schau gestellten, fast naiv anmutenden Schlemmerei das Zeitliche gesegnet hatte. – Braver Wilhelm Busch …

In die Spur der Mäßigkeit kommt das erwachsene Selbst gewöhnlich übrigens ganz von allein wieder, auch ohne Bevormundung durch andere. Dafür sorgen dann schon die üblichen Lebensumstände. Nicht umsonst hieß es bei Goethe ja: *»Für Sorgen sorgt das liebe Leben.«*[138] Und selbstverständlich wissen wir im Gegensatz zu Heranwachsenden, dass in diesen Akten der Grenzüberschreitung auch keine dauerhafte (Er)lösung liegt. In dem Märchen »Die zertanzten Schuhe« der Brüder Grimm wird das zum Beispiel deutlich: Zwölf Prinzessinnen machen sich heimlich jede Nacht auf zu einem Schloss mit verwunschenen Prinzen, wo sie sich bis zum Morgengrauen amüsieren und dabei regelmäßig ein Paar Tanzschuhe ruinieren. Der königliche Vater verspricht demjenigen eine der Töchter zur Frau, der das Geheimnis der zertanzten Schuhe aufdeckt. Ein armer, verwundeter Soldat hat schließlich Erfolg und darf die älteste Tochter heiraten. Nur die Prinzessinnen und Prinzen haben das Nachsehen. – Durch Grenzüberschreitung und Exzess entkommen die jungen Damen zwar dem Zwang des Alltags und der Konvention für kurze Zeit, aber die endgültige Erlösung von den irdischen Begrenztheiten und Ordnungen bleibt sowohl ihnen als auch den jungen Herren versagt. Dass derlei Vergnügen nur Unterbrechungen, nicht aber eine Flucht aus der einen in eine andere »Wirklichkeit« sein können, dass das eine nicht auf das andere übertragbar ist, die »Zauberwelt« nicht in dauerhafte Realität überführt werden kann, wissen sie noch nicht und erweisen sich daher eben als noch nicht erwachsen. Zum Erwachsenwerden gehört, dass man diese Unterscheidung sehr wohl zu treffen lernt. Der Wunsch zur dauerhaften Rückkehr in diese »Zauberwelt« oder die Aufhebung der Grenzen zwischen den beiden Welten ist eher Zeichen einer unterentwickelten Persönlichkeit. Dazu gehören auch zum Beispiel Allmachtsfantasien oder Illusionen der »Unverwundbarkeit« wie das pubertäre »Du kannst mir gar nichts (antun beziehungsweise sagen)«, und zwar unabhängig vom Alter der Betroffenen. Der »verwundete Soldat« dagegen weiß das – er trägt die Male seiner Erfahrung ja sogar direkt sichtbar am Körper, ist sozusagen »vom Leben gezeichnet«. Trotzdem – oder gerade deswegen – folgt er unsichtbar (durch seinen Tarnmantel) den Prinzessinnen zu ihrem nächtlichen Vergnügen. Wer würde wirklich annehmen, er habe diese Ausflüge widerwillig und lustlos unternommen, unabhängig von der in Aussicht gestellten Belohnung?

Die Profanisierung des »schmutzigen Heiligen« und ihre Konsequenzen

Die »Verdoppelung«, von der Robert Pfaller im Falle der Vernunft spricht, macht sich auch beim »Heiligen des Alltags« *(sacre quotidien)* bemerkbar: Das, was den Alltag heiligt, wird dem Profanen entzogen beziehungsweise entrückt. Während der Arbeit, am Schreibtisch in der Firma, ist Alkohol verpönt. Aber die Unterbrechung mit Kollegen, die einen Anlass zu feiern haben (Geburtstag, Einstand, Ausstand …), erfordert den Tabubruch, notfalls sogar zur Unzeit. So war es – wie der Verfasser selbst sich lebhaft erinnert – durchaus üblich, im Postamt, wo er während seiner Studienzeit in den Semesterferien beim Briefezustellen aushalf, bereits in der ersten Pause gegen sieben Uhr in der Früh mit einem Bier mit den Kollegen auf ihren Geburtstag anzustoßen – man traf sie hinterher, nachdem man seine Zustellrunde gedreht hatte, ja nicht mehr gemeinsam an. Das allerdings liegt natürlich schon ein paar Jahrzehnte zurück; in den aktuell nüchternen Zeiten wäre das undenkbar – *tempi passati*.

Dennoch gilt heute noch, wenn auch meist kurz vor Feierabend (übrigens ein Wort, das seit 25 Jahren zunehmend ungebräuchlich wird und langsam aus dem Bewusstsein verschwindet): Das Alkoholverbot am Arbeitsplatz wird bei solch einer Gelegenheit kurzfristig aufgehoben. *»Man kann den Geburtstag eines Erwachsenen nicht mit Multivitaminsaft feiern.«*[139] Es gehört sich, zumindest einen symbolischen Schluck Sekt zu nehmen, am angebotenen Glas wenigstens zu nippen. Ja, es muss sogar üblicherweise ein nicht alltägliches Getränk, nicht nur Limonade oder Mineralwasser, eigentlich auch nicht Bier, sondern Sekt oder Champagner – oder auch Prosecco – sein, jedenfalls etwas, was »Leichtsinn« verbreitet oder zumindest ermöglicht gemäß der Trinkerregel »Beim Bier denkt man Dummheiten, beim Wein sagt man Dummheiten, beim Sekt macht man Dummheiten«.[140] Wobei »Dummheiten« hier natürlich nichts anderes sind als die Selbstanwendung oder eben »Verdoppelung« der Vernunft.

Die Heiligung des Alltags macht es erforderlich, nicht nur aus der Zeit zu fallen oder sie anzuhalten, sondern sie auch an einem anderen Ort zu *begehen*. Man muss sich also in Bewegung setzen. In der Firma verlässt man das Büro und versammelt sich im Aufenthaltsraum, bei größeren Feiern wird in einen besonderen Saal gebeten, der in der Regel nicht zu den eigenen vier Wänden gehört. *Fanum* hieß in der Antike der heilige Bezirk, auf dem kultische Handlungen und Feiern stattfanden – das, was außerhalb ihrer lag, von ihnen ausgeschlossen war, war *profanum*. Und im Übrigen leitet sich von *fanum* auch unser Wort »Fan« her. Wer im heiligen Bezirk anwesend war, konnte *fanaticus*, »göttlich inspiriert« werden. Davon würden wir heute vielleicht nicht mehr sprechen, wohl eher von »Besessenheit«; schließlich sind auch Fanatiker nicht unbedingt angenehme, sondern höchst nervige, zuweilen sogar gefährliche Zeitgenossen, aber die doch zumeist harmlosere Erscheinungsform des »Fans«, die man beispielsweise in Sportstadien, aber auch in anderen Kulturstätten antrifft, zum Beispiel bei Konzerten jeder Art, genießt durchaus eine gewisse Sympathie, zumindest aber in der Regel Verständnis. Fan ist man übrigens immer in Gemeinschaft mit anderen, nie isoliert, auch wenn man sich persönlich als Fan von etwas bezeichnet.

Die Begegnung mit dem Heiligen soll an einem Ort stattfinden, der dem »Weltlichen«, Gewöhnlichen, nicht zugänglich ist. Der Ort des Festes, ob im Freien oder im Saal, wird geschmückt oder zumindest speziell hergerichtet, was eine besondere Atmosphäre herstellt. Der Zugang ist geregelt. Man muss zur Teilnahme berechtigt sein, braucht eine Einladung oder eine Eintrittskarte.

In der Feier, im Kult (Kultus – Kultur – *colere* = *therapeúein* = »pflegen/heilen/verehren«) geschieht eine »Grenzüberschreitung«, und zwar zum »Erhabenen« hin (Sublimierung). Wir treten aus dem Gewöhnlichen hinaus in eine andere Sphäre. Was hier geschieht, ist eben keine »Eliminierung« (Ausgrenzung, Abscheidung), sondern eine Verwandlung, eine »Aufhebung« auf eine höhere Ebene, ja, eine »Entrückung«. Deshalb ist die Feier (und nicht der Glaube oder »die Lehre«) das Zentrum jeder Religion[141], sei sie institutionalisiert oder nicht.

Eine »Verfeinerung«, die nicht alltäglich ist, drückt sich bei uns etwa im »Festessen« zu besonderen Feiertagen oder Anlässen aus (zum Beispiel Weihnachten, Ostern, Jubiläen). Der Ablauf einer solchen Feier ist ritualisiert, das heißt in eine »rechte Ordnung« gebracht. Es gibt einen Empfang, es gibt ein Menü, dessen Reihenfolge ausgeklügelt ist, es hat einen Abschluss bei einem »letzten Glas im Stehen«. Hier finden Seelen zusammen, machen es sich »gemütlich«. Das Wort »Gemüt«, dem im Griechischen eine Einheit von *psychḗ* (»Seele«) und *thymós* (»Wille, Mut, Lebenskraft«) nahekommt, wenngleich vielleicht nicht vollends entspricht, hat als Wurzel das mittelhochdeutsche »Mut« (Be*herzt*heit) – und weist damit auf den Sitz im Herzen hin, wo man diese Regungen »ver*mut*et« hat. Andererseits ist man da, wo es »gemütlich« ist, ruhig und entspannt. Es geht »herzlich« zu – und das meint eben auch eine Zugewandtheit zu anderen.

Das Essen ist nicht alltäglich, der Alkohol »fließt in Strömen«. Wie sehr ein solches Fest verzaubern kann, selbst wenn die Gäste eigentlich für einen derartigen Zauber nicht empfänglich sind, ihn abwehren wollen, hat Tania Blixen in ihrer schon erwähnten wunderbaren Erzählung *Babettes Fest* geschildert. Die Köchin Babette – selbstredend eine Französin – passt sich den Gegebenheiten in der pietistischen Gemeinde bis zu einem gewissen Grad an (ein »Tun, als ob«) und akzeptiert auch die Bescheidenheit und Kargheit, die sich die Schwestern im Essen auferlegt haben. Wenn sie aber beim Einkaufen kritisch die Waren betrachtet und auswählt, bleibt das nicht ohne Eindruck auf die Hausfrauen des Ortes, die der Qualität ihrer Lebensmittel bisher keine Beachtung geschenkt hatten. Plötzlich lassen sie den nicht mehr ganz frischen Fisch oder das etwas betagte Gemüse am Marktstand liegen, auf wundersame Weise spart Babette dabei auch noch Geld … An einem gewissen Punkt brechen dann die Ausgelassenheit, die Verschwendung, die Freude am Überfluss in dieses gleichförmige Einerlei ein. Dank ihrem Lotteriegewinn, den sie komplett für ein Festmahl zu Ehren des hundertsten Geburtstags des Gemeindegründers (des Propstes) und Vaters der Schwestern aufbraucht, gewinnt sie die Herzen und Gaumen der Geladenen; es werden alte Feindschaften begraben und alte Freund- und Liebschaften wieder aufgefrischt. Und hier beweist Babette die Wahrheit der schönen Einsicht ihres Landsmanns Michel de Montaigne: *»Wessen Herz verständig ist, dessen Gaumen ist es auch.«*[142]

Und auch Wilhelm Busch greift dies in seiner Gedichtsammlung *Kritik des Herzens* auf. Es ist bezeichnend, dass die Bildergeschichten, in denen er die vorgeblich heile Welt des deutschen Spießbürgertums ironisch illustrierte und auf die Spitze trieb (»Max und Moritz«, »Die fromme Helene«, »Der heilige Antonius von Padua« – um nur ein paar Beispiele zu nennen), im Kreis seiner bürgerlichen Leserschaft weithin auf Unverständnis, ja teilweise Empörung stießen. Sie konnte sich wohl an der Schadenfreude weiden, die das »unsittliche Verhalten« mit seinen skurrilen Konsequenzen hervorrief, aber die direkte Konfrontation in literarischer Form mit der Bigotterie und Prüderie schien ihr wohl zu direkt den Finger in die Wunde zu legen. Doch nicht nur Kritik und Selbstkritik, die, wie Busch selbst schrieb, *»in kleinen Variationen über ein bedeutendes Thema ein Zeugnis meines und unseres bösen Herzens ablegen«*[143] sollen, sind enthalten, sondern sie sind ebenso Ausdruck der Genussfreude, die ihn immer wieder die Themen »Essen«, »Trinken«, »Rauchen« aufgreifen ließ. Direkt liebevoll beschreibt Busch dies in dem kleinen Gedicht »Der gute Braten«:

Es wird mit Recht ein guter Braten
Gerechnet zu den guten Taten;
Und daß man ihn gehörig mache,
Ist weibliche Charaktersache.
Ein braves Mädchen braucht dazu
Mal erstens reine Seelenruh,
Daß bei Verwendung der Gewürze
Sie sich nicht hastig überstürze.
Dann zweitens braucht sie Sinnigkeit,
Ja, sozusagen Innigkeit,
Damit sie alles appetitlich,
Bald so, bald so und recht gemütlich
Begießen, drehn und wenden könne,
Daß an der Sache nichts verbrenne.
In Summa braucht sie Herzensgüte,
Ein sanftes Sorgen im Gemüte,
Fast etwas Liebe insofern,
Für all die hübschen, edlen Herrn,
Die diesen Braten essen sollen

Und immer gern was Gutes wollen.
Ich weiß, daß hier ein jeder spricht:
Ein böses Mädchen kann es nicht.
Drum hab ich mir auch stets gedacht
Zu Haus und anderwärts:
Wer einen guten Braten macht,
Hat auch ein gutes Herz.[144]

Fast sieht man im Geiste bei der Lektüre des Gedichts die Köchin Babette in der Küche werkeln, wenn sie das Festmahl für die Gemeinde des Propstes zubereitet, in dessen Verlauf ein früherer Verehrer einer der beiden pietistischen Schwestern – bezeichnenderweise ein Offizier mit Auslandserfahrung – den Anwesenden einen »Blick über die Kirchturmspitze« gewährt und von seinen Erlebnissen während der Pariser Kommune berichtet: *»Diese Frau verwandelt ein Diner ... in eine Art Liebesaffäre von der edlen romantischen Sorte, wo man nicht mehr unterscheiden kann, was körperliche und was geistige Begierde und Sättigung ist.«*[145]

Und dieses »gute Herz« ist auch Voraussetzung für eine – im vorletzten Kapitel übersprungene – Form der Freundschaft, die mehrere Seelen verbindet: der Gast-Freundschaft. Sie ist übrigens auch eine gelungene Verbindung von Selbstfreundschaft und Freundschaft mit anderen. Sie überschreitet die pervertierte »Innerlichkeit«, die sich aus Sorge um das persönliche Seelenheil in einem *»in sich selbst gekrümmten Herzen«*[146] dem anderen verschließt, und dem, was Babette vollbracht hat, nur mit Unverständnis begegnen kann: *»Liebe Babette … das hättest du aber nicht tun sollen: unsertwegen alles hergeben«*, meint die eine der beiden Schwestern scheinbar mitfühlend. Doch wie sehr Babette das Gleichgewicht zwischen Selbst- und Nächstenliebe beherrscht, zeigt sich in ihrer Antwort: *»Babette warf der Herrin einen tiefen Blick zu, einen seltsamen Blick – lag nicht Mitleid, vielleicht sogar Verachtung auf seinem Grunde? ›Ihretwegen?‹ versetzte sie. ›Nein. Meinetwegen.‹ … ›Ich bin eine große Künstlerin, Mesdames.‹ Von neuem breitete sich für längere Zeit ein tiefes Schweigen in der Küche aus. Dann sagte Martine: ›Also bleibst du nun arm fürs ganze Leben, Babette?‹ ›Arm?‹ sagte Babette. Sie lächelte wie zu sich selbst. ›Nein. Arm bin ich nie. … Eine große Künstlerin ist niemals arm. Wir haben etwas, Mesdames, wovon andere Leute nichts wissen.‹«*[147]

Ganz anders heute. Da haben wir eher einen Rückgang der Kultur des Feierns zu beklagen, das Verschwinden des Festes, das zu bestimmten Zeiten an bestimmten Orten stattfindet und Menschen in der Öffentlichkeit zusammenführt. Stattdessen regiert dessen selbstbezügliche, narzisstische Form, das kommerzielle »Event« mit seiner Beliebigkeit und prinzipiellen Bedeutungslosigkeit. Von Herzlichkeit keine Spur. Es ist die Form, in der mit sich selbst Beschäftigte sich mit sich selbst beschäftigen. Eine im Prinzip traurige Veranstaltung, deren aufgesetzte, angestrengte Fröhlichkeit auch nichts daran ändert, dass hier eine Ansammlung »einsamer Herzen«

stattfindet, die man auch zu jeder anderen Gelegenheit treffen könnte und die nichts verbindet. Entsprechend »leer« fühlen sich die Beteiligten in der Regel danach und gieren nach dem nächsten »Event«. Kein Wunder, es gibt ja dafür auch keinen gemeinsamen, verbindenden Anlass, beziehungsweise er muss konstruiert werden und erweist sich dadurch als ebenso beliebig austauschbar wie das Publikum. – Wie uns Seneca zeigte, ist das auch keine neue Erfahrung, sondern ein Resultat der Langeweile und der Geringschätzung.

Gerade nicht beliebig und daher an einen bestimmten Anlass gebunden sind dagegen offizielle Festtage oder Gedenktage. Ob staatlich oder religiös – hier geht es nicht darum, dass die Feiernden sich feiern, sondern einen bestimmten Anlass, der sie eint. Dieser Anlass hat sein »eigenes Recht«. Auch das ist schon ein begrenzendes Element. Es ist einerseits an einen bestimmten Tag gebunden, andererseits an eine regelmäßige Wiederholung. Und während man zum Beispiel einen persönlichen Geburtstag nachfeiern kann, wenn der Termin gerade ungünstig liegt (so wie in Großbritannien regelmäßig der Geburtstag der Queen nicht im April, sondern offiziell im Juni gefeiert wird, wenn mit einiger Sicherheit schönes Wetter herrscht; das kann ebenfalls eine Tradition werden) – auch wenn man dem Jubilar natürlich an seinem Ehrentag gratuliert –, empfänden wir es zum Beispiel als seltsam, Weihnachten oder Neujahr in der Jahresmitte zu feiern statt am Jahresende. Wer Weihnachten »verpasst« oder nicht gefeiert hat, muss tatsächlich warten bis zum nächsten 25. Dezember. Und bezeichnenderweise feiern selbst große Firmen oder Konzerne den Beginn oder auch Abschluss ihres Geschäftsjahres, die ja nicht mit dem Kalenderjahr übereinstimmen müssen, nicht als »betriebliche Silvester- oder Neujahrsfeier«. Wie auch, wenn man Ergebnisse und Erfolge im Hinblick auf niedrige Steuerabgaben, geringere Dividenden und größeren Druck auf die Mitarbeiter regelmäßig kleinmachen und schlechtreden muss? Auch andere Kreisläufe wie zum Beispiel der Beginn des Schuljahres werden eher »nüchtern« und formlos begangen, mit Ausnahme der Einschulungen der Abc-Schützen oder der Entlassfeiern der Abschlussjahrgänge.

Illustre Illusionen und die Ambivalenz der Entzauberung

Wird der Genuss übermäßig, tritt der Exzess an seine Stelle und mündet dann im Rauschhaften der Orgie. Auch hier handelt es sich immer noch um eine Transformation des Triebhaften und – das ist ihr besonderes Kennzeichen – um ein Ausleben, ja eine Sublimierung der Grundbedürfnisse, häufig nicht nur eines einzigen. Auch hier begegnet einem das »schmutzige Heilige«, nun nicht mehr in einer besinnlichen, gemäßigten, sondern eher einer die Sinne betörenden Form. Da ist es dann in der Regel zwar mit der Gemütlichkeit vorbei, die vorher gesuchte Verfeinerung wird durch Übertreibung

»Das große Fressen«: Die orgiastische Filmsatire von Marco Ferreri mit Michel Piccoli, Marcello Mastroianni, Ugo Tognazzi und anderen war 1973 ein großer cineastischer Skandal; der in Europa gefeierte und preisgekrönte Film stieß – wenig verwunderlich – vor allem im puritanischen Amerika auf Unverständnis und Ablehnung

ersetzt, dennoch wird auch diese Verausgabung direkt gesucht, und auch sie ist ein Ausdruck der »Verdoppelung der Vernunft«. Augenfällig wird das heute noch beispielsweise im jährlichen Treiben zur Zeit des Karnevals.

Gemeinsam ist allen Formen, dass die Beteiligten um ihr »Außer-sich-Sein« wissen und ihnen ebenfalls unausgesprochen klar ist, dass es nicht »für immer« sein wird, sondern zeitlich begrenzt. Am Aschermittwoch ist eben alles vorbei. »Von all deinen Küssen darf ich nichts mehr wissen ...«, heißt es im Faschingsschlager. Die

Illusion (vom lateinischen *illusio* für »Täuschung« beziehungsweise *illudere* für »mit jemandem Scherz treiben, jemanden ›zum Besten halten‹, verspotten, verhöhnen, täuschen«, als Substantiv eigentlich »Einspielung«) lebt gerade davon, dass die Beteiligten – und zwar sowohl die Akteure als auch die Getäuschten – implizit um dieses »doppelte Spiel« wissen, selbst wenn es ihnen nicht dauernd bewusst ist oder sein muss.

Eine solche *»Einbildung ohne Eigentümer«* (Pfaller) hat etwas von einer gewollten Selbsttäuschung, die die Realität »erträglich macht«. Wer zum Beispiel eine Zaubervorstellung besucht, »weiß« natürlich, dass der Künstler nicht über magische Kräfte verfügt. Dennoch lässt er sich von dessen Kunst »ganz verzaubern«, in seinen Bann ziehen. Aber auch diese Vorstellung ist irgendwann vorbei, und man kehrt in den Alltag zurück. Es ist – wie beim Spiel – ein »Tun, als ob« in beiderseitigem stumm-einvernehmlichem Wissen. Wie sehr notwendig dieses Wissen, aber nicht das Darüber-Sprechen ist, zeigt sich dann, wenn dem Zuschauer ein Zaubertrick verraten wird oder er »dahinterkommt«: Die Enttäuschung über die meist schlichte Lösung ist unverkennbar. Natürlich glaubt weder der Zuschauer, dass der Zauberer über magische Kräfte verfügt, noch der Zauberer, dass er tatsächlich magische Macht über seine Zuschauer ausübt. Täte er es dennoch, wäre sein Geisteszustand zumindest sehr bedenklich.

Wo das nicht der Fall ist, wo die Grenzen nicht bewusst überschritten – und auch danach wiederhergestellt und respektiert –, sondern verwischt oder eingerissen werden, geht die Illusion in Wahn über. Dieser Wahn ist eben kein Zauber mehr, am wenigsten »zauberhaft«, sondern eigentlich der missglückte Versuch einer »Entzauberung«, denn man will diese illusorische Welt und diese Erfahrungen in seinen überschaubaren Alltag zwingen, und nicht nur das: Man will sie beherrschen. Ein Merkmal dieser Entzauberung ist die zunehmende Ablehnung und Unduldsamkeit allgemeinen Festtagen gegenüber, eine »Säkularisierung«, die eine vermeintliche Einschränkung der persönlichen Freiheit beseitigen will, eine falsch verstandene »Liberalität«, die gegen angeblich überholte Rücksichten auf antiquierte Bräuche protestiert und Reglementierungen aufheben will – im Namen der »Freiheit«.

Auch die immer wiederkehrenden Versuche, die »Liberalisierung der Ladenöffnungszeiten« allgemein durchzusetzen oder die Anzahl gesetzlicher Feiertage zu reduzieren – angeblich, um Schaden von der Volkswirtschaft abzuwehren, um zum »Wachstum« und damit zur »öffentlichen Wohlfahrt« beizutragen, wenn es schon nicht gelingt, sie ganz abzuschaffen –, fallen in diese Kategorie. Allen Ernstes versuchen zum Beispiel die Börsen schon seit geraumer Zeit durchzusetzen, dass es für sie nur noch zwei handelsfreie Tage geben soll, nämlich Weihnachten und Neujahr. Diese beiden Tage sind auch die am umfassendsten »globalisierten« Feiertage. Doch hier wird die Provinzialität und Beschränktheit des »globalen Dorfs« und seiner Akteure auf geradezu bestürzende Weise sichtbar. Und höchst bedenklich wäre es, wenn diese schlichten Geister sich dann auch noch durch Abschaffung, das Niederreißen und Nichtrespektieren dieser Grenzen zwischen dem Profanen und dem Heiligen in ihren Allmachtsfantasien bestätigt sähen.

Das ist die Ambivalenz der Entzauberung – als Frucht einer missverstandenen, ja, missglückten »Aufklärung«. Denn wo »die reine Vernunft« in ihrer einfachen, nicht doppelten Form meint, das »schmutzige Heilige« durch »Entlarvung« überwunden zu haben, und das Magische einfach nur ins Reich des Obskuren verweist und damit als »überholt« diskreditiert, statt es als Teil seiner eigenen Realität zu würdigen, findet gerade keine »Erhellung« statt, wie es eigentlich Anliegen der Aufklärung war, sondern eine Verbannung ins Reich des Dämonischen.

Im Französischen heißt das Zeitalter der Aufklärung *siècle des lumières*, im Englischen *enlightenment*, im Italienischen *illuminismo*. Das »Reich der Vernunft« wird als das gesehen, was durch Vernunft »beherrschbar« ist – außer der Vernunft selbst, die sich als absolut herrschend geriert. Und genau da schlägt das »schmutzige Heilige« perfide zurück. Wir sehen die Auswirkungen dann im Realitätsverlust beispielsweise in irrationalen Entscheidungen von Menschen, die meinen, straflos Regeln missachten oder gar aufheben zu können. Wir sehen es zum Beispiel an den Handlungen von Finanzjongleuren von Nick Leeson bis Jérôme Kerviel oder Bernard Madoff, die der Illusion erlagen, im von ihnen dirigierten Reich des unbegrenzten Geldes die absoluten, allmächtigen Herrscher zu sein. Damit aber nicht genug: Denn indem man diese Schuld dann wieder personifiziert, einem Individuum zuweist und von sich abschiebt und den Einzelnen zum Sündenbock macht, der sich doch der Konsequenzen seines Handelns hätte bewusst sein müssen, zeigt sich erst recht die Hartnäckigkeit der eigenen Illusion. Fassungslos stehen dann Kollegen und Vorgesetzte oder Geprellte, die vorher zumindest Mitwisser waren und das Handeln des Betreffenden billigend in Kauf genommen, vielleicht sogar stillschweigend erwartet haben, vor dem Scherbenhaufen und wundern sich, wie so etwas passieren konnte. Und das Publikum hat sein Opfer für seine Empörung »über die da oben« gefunden – und doch gilt auch und besonders hier: Man sieht den Splitter im Auge des anderen, aber den Balken im eigenen Auge nicht (Mt 7, 3). Dann wird dieses »heilige Spiel« zum »teuflischen Ernst« und zum »Teufelskreis« oder schlimmer: zur Spirale, wo sich solche Ereignisse – wenn auch mit anderen Personen – wiederholen und vielleicht sogar verschärft werden. Aber am System selbst ändert sich natürlich nichts. Es ist das Unvermögen einer ganzen Gruppe oder gar Kaste, wenn nicht einer neuen Generation, das »schmutzige Heilige« zu integrieren und ihm seinen Raum zuzugestehen. Wir haben es hier mit einer Wiederkehr des Dualismus zu tun, der auch schon in früheren Zeiten für die Gnosis und ihre Mythen um den Kampf des Reichs des Lichtes gegen das Reich der Finsternis typisch war. In gewisser

Weise bedingen sich daher heute die »reine Vernunft« und der gegenwärtig grassierende religiöse Fundamentalismus jeglicher Ausprägung gegenseitig. Denn auch bei ihm geht es um »Reinheit« und um Bekämpfung des »Unreinen«.

Kairos – der richtige Zeitpunkt der Erfüllung

»Was man von der Minute ausgeschlagen, gibt keine Ewigkeit zurück«,[148] hat Schiller gedichtet und damit auf die griechische Ansicht vom Kairos, dem »richtigen Zeitpunkt«, zurückgegriffen. Die bildliche Darstellung des Gottes, der im Gegensatz zu Kronos (Saturn) nicht die dauernde Zeit, sondern den Augenblick beherrscht, zeigt ihn als Jüngling vorn mit üppigem Haarwuchs und hinten kahlköpfig. Es ist die Kunst, die Gelegenheit »beim Schopfe zu packen«, wenn er (Kairos) vorbeikommt.

Man muss bereit sein, um den rechten Augenblick zu erhaschen. Aber nicht angespannt, sondern entspannt. Wer ständig »unterwegs ist«, wer ständig »unter Strom« steht, wird vermutlich eher der Ansicht zuneigen, dass jeder seines Glückes Schmied sei, was doch etwas Zwanghaftes hat. Aber auch in dieser Redensart zeigt sich die Ambivalenz des Wortes »Glück«. Begreift man sie als »Fortuna«, das Zufallsglück, dem man nachjagt, dann ist die Gefahr groß, es zu verpassen. Sieht man sein Glück darin, dass »in der Ruhe die Kraft« liegt, ist man

Kairos, Fresko von Francesco Salviati (1510–1563) im Audienzsaal des Palazzo Sacchetti in Rom

zwar nicht dauernd angespannt, aber aufmerksam für das, was das Glück einem »zuträgt«. Dann kann man es willkommen heißen.

Die »Fülle des Augenblicks« macht die Seele »euphorisch« – trägt sie in andere Sphären, eben in den Bezirk des Heiligen, ins *fanum*. Dass sie danach wieder in der »harten Realität« landen muss, geschieht nicht zwangsläufig »unsanft«. Wir wissen, wie ein erfahrenes Glück uns auch über eine gewisse Zeit trägt. Wer zum Beispiel einmal ausgelassen eine ganze Nacht durchgetanzt hat, wird am nächsten Tag – trotz Muskelkater und bleierner Müdigkeit – von einem Hochgefühl der Leichtigkeit begleitet, das seine Stimmung auch noch die nächsten Tage prägt, selbst wenn ihn der Alltag wieder eingeholt hat. Natürlich kann man das nüchtern mit der Freisetzung von Endorphinen oder Botenstoffen wie Dopamin und Serotonin erklären. Aber was ändert das an dem beglückenden Erlebnis? Und wird der erlebte Anlass deshalb weniger »wertvoll«? Bestimmt nicht. Selbst die Erinnerung daran trägt zur Gelassenheit bei – und zur Erwartung der nächsten Gelegenheit, die Grenzen zu überschreiten.

Bis dahin treten wir der Welt so freundlich gegenüber wie sie uns, möglichst sogar ein wenig freundlicher. Was auch darin zum Ausdruck kommt, sie pfleglich zu behandeln, nicht nur im eigenen Interesse, sondern auch weil man diese Welt, wie der englische General und Gründer der »Pfadfinder« Lord Baden-Powell (1857–1941) formulierte, doch etwas besser verlassen will, als man sie vorgefunden hat.

Die Welt pflegen, das Heilige in den Alltag lassen und das Leben damit zur Ganzheit führen und die scharfe dualistische Trennung überwinden – in der Harmonie dieser Trias findet die »liebe Seele« ihre Ruhe.

Im Abklingbecken

Langsam fällt die Tür ins Schloss – leise, pssst. Auf Zehenspitzen schleiche ich mich in die Wohnung. Bloß niemanden wecken. Spät ist es geworden – oder früh, wie man's nimmt. Ich habe mal wieder den Ratschlag aller Nachteulen befolgt: »Anständige Leute kommen im Hellen nach Hause.« Jetzt ist es also früher, ganz früher Morgen, das sogenannte »Morgengrauen«, und ich bin todmüde. Es war eine rauschende Ballnacht. Den heraufziehenden Tag kann ich vergessen. Jetzt muss ich mich erst mal ausschlafen – und dann … mal sehen. Die Smokingjacke habe ich noch ordentlich aufgehängt, mich von den Schuhen befreit, die Fliege hängt irgendwie an mir herum; das Hemd halb offen, sinke ich in den nächsten Sessel. Aufatmen.

Erfahrungsgemäß sind Beine und Kopf am nächsten Tag bleischwer. Aber jetzt, jetzt bin ich noch beschwingt, innerlich. Das liegt nicht nur an den paar Gläsern Sekt, Wein, Cocktails, die ich in fröhlicher Gesellschaft genossen habe, das liegt auch daran, dass ich ausgelassen getanzt, nette, geistreiche Gesellschaft genossen habe. Jawohl! Es war eine rauschende Ballnacht – ach, ich wiederhole mich. Das zeigt meine Begeisterung über den gelungenen Abend. »Non, je ne regrette rien.«

Viel Ruhe, dann etwas Bewegung an frischer Luft, langsam, nur ein ausgedehnter Spaziergang, weder Walking noch Jogging oder Radfahren, viel Flüssigkeit (kein Alkohol, nein), eine heiße Brühe werden mich körperlich wieder ins Lot bringen. Die unangenehmen Nachwirkungen sind bald verschwunden und vergessen. Die angenehmen Wirkungen bleiben. Und zwar mindestens die nächsten Tage. Die Laune wird spürbar steigen, kaum etwas wird mich aus der Ruhe bringen, weder am Arbeitsplatz noch in anderen Situationen. »Je vois la vie en rose.« Und wenn eine solche Situation doch auftauchen sollte – ich bin gewappnet. Natürlich kann ich nicht gleich wieder losziehen. Will ich vielleicht auch gar nicht. Aber ich habe ja auch noch viele andere wertvolle Begegnungen gehabt, seit ich mich in mein Zimmer verzogen und mich mit Platon, Aristoteles, Epikur, Cicero, Seneca, Montaigne, Nietzsche, Schopenhauer … und manch anderem zu einem Rendezvous verabredet hatte. Nur irgendwann war auch das Gegenteil fällig: raus und unter die Leute. Und wer waren die Gesellschafter, die Tanzpartner an diesem letzten Abend? Sag ich nicht – Diskretion ist schließlich ein Vorzug von Freundschaft, wie wir gelernt haben … Aber dass die Gesellschaft an diesem Abend ebenso ihren Anteil an meiner einsetzenden Seelenruhe hat wie die hohen Geister aus den vergangenen Jahrhunderten, das steht fest. Sosehr ich mich mit den Denkern wohlgefühlt habe, danach ging's gelassen in die Ausgelassenheit. Ein jegliches hat seine Zeit, steht schon im Buch Kohelet im Alten Testament.

Das Schöne an diesen Begegnungen: Sie sind wiederholbar. Und wenn die Wiederholung die Mutter der Studien ist, dann wird dies auch nicht ausbleiben. Denn das ist ebenfalls sicher: Auch wenn sie mich zu einigen Gedanken über Seelenruhe anregten, bis ich sie mir wirklich zu eigen machen werde, bis sie eine spürbare Auswirkung auf meine Lebensführung haben, wird es eine Zeit dauern. Das ist nichts Ungewöhnliches – oder doch: Gerade weil es mich aus meinen Gewohnheiten, auch meinen Denkgewohnheiten herausreißt, ist das Nachdenken darüber so wertvoll. Schon als junger Mann hat Schopenhauer geäußert: *»Das Leben ist eine mißliche Sache; ich habe mir vorgesetzt, es damit hinzubringen, über dasselbe nachzudenken.«*[149] Nun, die Prämisse müssen wir nicht teilen – ich zumindest tue es nicht –, aber wenn das Nachdenken darüber nicht vergebens sein soll, dann deshalb, weil es unser Leben tatsächlich besser machen kann. Nicht »Übersetzung des Unbegreiflichen ins Unverständliche«, sondern eher des Selbstverständlichen ins Unbegreifliche, das ist dann Philosophieren. Wir werden immer wieder an unsere Grenzen stoßen, das Leben zu begreifen. Aber »misslich«, wie Schopenhauer meinte, ist das nicht. Eher ein dauerndes Angebot, eine fortwährende Chance. Wie schrieb doch Epikur an seinen Schüler Menoikeus: *»Weder soll der Jüngling zögern zu philosophieren noch der Greis müde werden zu philosophieren; denn man ist weder je zu jung noch zu alt für die Gesundheit der Seele.«*[150]

Noch mögen wir weit davon entfernt sein, Seelenruhe als Dauerzustand erreicht zu haben, aber das ist auch gar nicht weiter tragisch, wie wir von den Skeptikern gelernt haben. Sie erzwingen zu wollen, auch durch dauernde Askese, sei es in Gedanken oder in Taten, ist der sichere

Weg, sie zu verfehlen. Doch je öfter wir innehalten, desto größer ist die Wahrscheinlichkeit, dass die Seelenruhe folgt »wie der Schatten dem Körper«. Und ob es so weit kommen kann, wird daran liegen, inwieweit es uns gelungen ist, das Leben in einem anderen Licht zu sehen, in dem Schatten und Dunkelheit ihm nicht mehr vorausliegen, sondern zurückgelassen wurden. Der Dialog mit den Philosophen hilft uns dabei.

Literatur

Achenbach, Gerd: *Das kleine Buch der inneren Ruhe*, Freiburg 2010

Aristoteles: *Nikomachische Ethik*, übersetzt und Nachwort von Franz Dirlmeier, Stuttgart 1969

–, *Eudemische Ethik*, übersetzt und kommentiert von Franz Dirlmeier, Darmstadt 1979

Augustinus Aurelius: *Bekenntnisse (lat.-dt.)*, eingeleitet, übersetzt und erläutert von Joseph Bernhart, Darmstadt 1984

Bakewell, Sarah: *Wie soll ich leben? oder Das Leben Montaignes in einer Frage und zwanzig Antworten*, München 2012

Benjamin, Walter: *Gesammelte Schriften*, Frankfurt a.M. 1980

–, *Das Passagen-Werk. Pariser Passagen I, Erste Notizen*, in *Gesammelte Schriften*, Bd. 5, 2, Frankfurt a.M. 1982.

Blixen, Tania (Karen): *Babettes Fest*, Zürich 2003

Blumenberg, Hans: *Lebenszeit und Weltzeit*, Frankfurt a.M. 1986

Bopp, Jörg: »Neidisch, träge, grob und gierig.«, in *Freundschaft. Das Band, das hält, wenn alle Stricke reißen, Publik Forum Extra*, Nr. 4/2007

Busch, Wilhelm: *Gesamtwerk in sechs Bänden*, hg. und eingeleitet von Hugo Werner, Hamburg 1982

Camus, Albert: *Der Mythos von Sisyphos*, Reinbek 1982

Chua, Amy: *Die Mutter des Erfolgs. Wie ich meinen Kindern das Siegen beibrachte*, München 2011

Demokrit: *Fragmente zur Ethik,* neu übersetzt und kommentiert von G. Ibscher, Einleitung von G. Damscher, Stuttgart 1996

Eichler, Klaus-Dieter (Hg.): *Philosophie der Freundschaft*, Leipzig 1999

Goethe, Johann Wolfgang von: *Werke*, hg. von Friedmar Apel u.a., Frankfurt a.M. 1998 (Darmstadt o.J.)

Guardini, Romano: *Angefochtene Zuversicht. Romano-Guardini-Lesebuch*, ausgewählt von Ingeborg Klimmer, Mainz 1985

Hegel, G.W.F.: *Hauptwerke in 6 Bänden*, Hamburg 1995 (Darmstadt 1999)

Hodgkinson, Tom: *Anleitung zum Müßiggang*, München 2007

–, *Die Kunst, frei zu sein*, München 2009

Hossenfelder, Malte: *Antike Glückslehren. Kynismus, Kyrenaismus, Stoa, Epikureismus und Skepsis. Quellen in deutscher Übersetzung mit Einführungen*, Stuttgart 1996

Illich, Ivan: *Selbstbegrenzung. Eine politische Theorie der Technik*, München 1998

Jaspers, Karl: *Vom Ursprung und Ziel der Geschichte*, Frankfurt a.M. 1960

Kant, Immanuel: *Werke in sechs Bänden*, hg. von Wilhelm Weischedel, Darmstadt 1983

Krailsheimer, Hans: *Kein Ausweg ist auch einer. Aphorismen*, München 1954

La Boétie, Étienne de: *Von der freiwilligen Knechtschaft*, unter Mitwirkung von Neithard Bulst übersetzt und hg. von Horst Günther, Frankfurt a.M. 1980

Lanier, Jaron: *Wem gehört die Zukunft? »Du bist nicht der Kunde der Internetkonzerne. Du bist ihr Produkt.«*, Hamburg 2014

Lemke, Harald: *Freundschaft. Ein philosophischer Essay*, Darmstadt 2005

Lewis, C.S.: Über den Schmerz, Köln/Olten 1954

Löhle, Monika: *Siegen kann man später. Warum Tigermütter nicht erfolgreich sind*, Zürich 2011

Márai, Sándor: *Die Glut*, aus dem Ungarischen und mit einem Nachwort von Christina Viragh, München/Zürich 2000

Montaigne, Michel de: *Essais*, erste moderne Gesamtübersetzung von Hans Stilett, Frankfurt a.M. 1998

Nietzsche, Friedrich: *Werke in 6 Bänden*, hg. von Karl Schlechta, München/Wien 1980

Peter, Peter: *Kulturgeschichte der deutschen Küche*, München 2009
Pfaller, Robert: *Das schmutzige Heilige und die reine Vernunft. Symptome der Gegenwartskultur*, Frankfurt a. M. 2008
–, *Wofür es sich zu leben lohnt. Elemente materialistischer Philosophie*, Frankfurt a. M. ³2011
–, *Zweite Welten und andere Lebenselixiere*, Frankfurt a. M. 2012
Platon: *Werke in 8 Bänden, griech. u. deutsch*, hg. von Gunter Eigler, Darmstadt 1990
Precht, Richard David: *Wer bin ich und wenn ja, wie viele?*, München 2007
Rilke, Rainer Maria: *Werke in sechs Bänden*, Frankfurt a. M. 1986
Roth, Eugen: *Sämtliche Menschen*, München 1983
Schiller, Friedrich: *Sämtliche Werke in 5 Bänden*, hg. von P. A. Alt u. a., München/Wien 2004
Schmid, Wilhelm: *Philosophie der Lebenskunst*, Frankfurt a. M. 1998
–, *Mit sich selbst befreundet sein*, Frankfurt a. M. 2004
Schopenhauer, Arthur: *Sämtliche Werke*, hg. von Wolfgang Frhr. von Löhneysen, Darmstadt 1980
Schweppenhäuser, Gerhard: *Ethik nach Auschwitz. Adornos negative Moralphilosophie*, Hamburg 1993
Seneca, Lucius Aennaeus: *Philosophische Schriften* (Bd. 1–5), lat.-dt., hg. von Manfred Rosenbach, Darmstadt 1999
Simon, Hermann: *Geistreiches für Manager*, Frankfurt a. M. 2000
Sloterdijk, Peter: *Du mußt dein Leben ändern*, Frankfurt a. M. 2009
Strässle, Thomas: *Gelassenheit. Über eine andere Haltung zur Welt*, München 2013
Voigt, Dieter, und Sabine Meck: *Gelassenheit. Geschichte und Bedeutung*, Darmstadt 2005

Watzlawick, Paul: *Anleitung zum Unglücklichsein*, München 1994
Werle, Josef M. (Hg.): *Klassiker der philosophischen Lebenskunst*, München 2000
–, *Epikur für Zeitgenossen. Ein Lesebuch zur Philosophie des Glücks*, München 2002
Wittgenstein, Ludwig: *Tractatus logico-philosophicus. Logisch-philosophische Abhandlung*, Frankfurt a. M. 1985

Anmerkungen

1 Wolfgang Neuss (deutscher Schauspieler und Kabarettist, 1923–1989).
2 Wilhelm Busch: *Die fromme Helene – Die Reue,* in *Gesamtwerk in sechs Bänden*, hg. und eingeleitet von Hugo Werner, Hamburg 1982, Bd. 3, S. 103.
3 Vgl. Karl Marx: *Thesen über Feuerbach,* 11. These.
4 Karl Jaspers: *Vom Ursprung und Ziel der Geschichte*, Frankfurt a.M. 1960.
5 Amy Chua: *Die Mutter des Erfolgs. Wie ich meinen Kindern das Siegen beibrachte*, München 2011. Als unmittelbare Antwort hierauf vgl. Monika Löhle: *Siegen kann man später. Warum Tigermütter nicht erfolgreich sind*, Zürich 2011.
6 Immanuel Kant: *Grundlegung zur Metaphysik der Sitten*, in *Werke in sechs Bänden*, hg. von Wilhelm Weischedel, Darmstadt 1983, Bd. IV, S. 83.
7 Friedrich Schiller: *Die Worte des Glaubens*, in *Sämtliche Werke in 5 Bänden,* hg. von P. A. Alt u.a., München/Wien 2004, Bd. 1, S. 214.
8 Ich gestehe, dass ich mit dem Titel »der/die Große«, mit dem man in der Geschichte bestimmte Persönlichkeiten auszuzeichnen pflegt, meine Schwierigkeiten habe. Diese »Größe« war nicht selten das Ergebnis ungeheurer Brutalität und Gewissenlosigkeit. Ich ziehe es deshalb vor, diesen Titel bestenfalls in Anführungszeichen zu setzen.
9 Peter Sloterdijk: *Du mußt dein Leben ändern*, Frankfurt a.M. 2009.
10 Vgl. G.W.F. Hegel: »Grundlinien der Philosophie des Rechts, Vorrede«, in *Hauptwerke in 6 Bänden*, Hamburg 1995 (Darmstadt 1999), Bd. 5, S. 17.
11 Mahatma Gandhi: »Sei du selbst die Veränderung, die du dir wünschst für diese Welt.«

12 Wilhelm Busch: *Kritik des Herzens*, in *Gesamtwerk in sechs Bänden*, a. a. O., Bd. 6, S. 79.

13 Blaise Pascal: »Das ganze Unglück der Menschen rührt allein daher, dass sie nicht ruhig in einem Zimmer zu bleiben vermögen«, zitiert nach Josef M. Werle (Hg.): *Klassiker der philosophischen Lebenskunst*, München 2000, S. 298 f.

14 Thomas Strässle: *Gelassenheit. Über eine andere Haltung zur Welt*, München 2013.

15 Epikur, »Brief an Menoikeus«, in Malte Hossenfelder: *Antike Glückslehren. Kynismus und Kyrenaismus, Stoa, Epikureismus und Skepsis. Quellen in deutscher Übersetzung mit Einführungen*, Stuttgart 1996, S. 173–178.

16 Der Sesterz war eine Münze und monetäre Hauptrecheneinheit von der Zeit der römischen Republik bis zu Kaiser Diokletian. Ab der Zeit des Augustus, wo sie ihre endgültige Form erhielt, wurde sie aus Messing mit einem Gewicht von etwas mehr als 27 Gramm geschlagen. 100 Sesterzen entsprachen 1 Goldmünze (Aureus) von etwa 8,2 Gramm. Setzt man die damalige Kaufkraft eines Aureus vorsichtig mit etwa 500 Euro an (entspricht 5 Euro pro Sesterz), ergibt sich für Seneca ein Vermögen von etwa 1,5 Milliarden Euro.

17 *Über die Seelenruhe*, II, 3–4. Senecas Schriften werden zitiert nach Lucius Aennaeus Seneca: *Philosophische Schriften* (Bd. 1–5), lat.-dt., hg. von Manfred Rosenbach, Darmstadt 1999, hier Bd. 2, S. 101–173.

18 Demokrit: *Fragmente zur Ethik*, neu übersetzt und kommentiert von G. Ibscher, Einleitung von G. Damscher, Stuttgart 1996, S. 41.

19 Über die Seelenruhe, a. a. O., Bd. 2, S. 6–14.

20 Zitiert nach Gerhard Schweppenhäuser: *Ethik nach Auschwitz. Adornos negative Moralphilosophie*, Hamburg 1993, S. 192.

21 Eugen Roth: »Allzu eifrig«, in *Sämtliche Menschen*, München 1983, S. 166.

22 Johann Wolfgang von Goethe: *Faust. Der Tragödie zweiter Teil*, Vers 5063 f., in *Werke*, hg. von Friedmar Apel u. a., Frankfurt a. M. 1998 (Darmstadt o. J.), Bd. 3, 180.

23 Vgl. Seneca: *Über die Kürze des Lebens*, in *Philosophische Schriften*, a. a. O., Bd. 2, S. 177–239.

24 Ivan Illich: *Selbstbegrenzung. Eine politische Theorie der Technik*, München 1998.

25 Epiktet: *Handbüchlein der Ethik*, in Werle (Hg.): *Klassiker der philosophischen Lebenskunst*, a. a. O., S. 107.

26 Paul Watzlawick: *Anleitung zum Unglücklichsein*, München 1994, S. 37 ff. Falls Sie die Geschichte nicht kennen, hier eine kurze Zusammenfassung: Ein Mann möchte ein Bild aufhängen. Den Nagel hat er, nicht aber den Hammer. Doch der Nachbar hat einen. Unser Mann beschließt, hinüberzugehen und ihn auszuborgen. Plötzlich kommen ihm Zweifel: Was, wenn der Nachbar ihm den Hammer nicht leihen will? Gestern schon grüßte er ihn nur so flüchtig. Vielleicht war er in Eile. Aber vielleicht war die Eile nur vorgeschützt, und er hat etwas gegen ihn. Und was? Er hat ihm nichts angetan; der bildet sich da etwas ein. Wenn jemand von ihm ein Werkzeug borgen wollte, er gäbe es ihm sofort. Und warum sein Nachbar nicht? Wie kann man einem Mitmenschen einen so einfachen Gefallen ausschlagen? Leute wie der Kerl vergiften einem das Leben. Und dann bildet der Nachbar sich noch ein, er sei auf ihn angewiesen. Bloß weil er einen Hammer hat. Jetzt reicht's ihm aber wirklich. Und so stürmt er hinüber, läutet, der Nachbar öffnet, doch noch bevor er »Guten Morgen« sagen kann, schreit ihn unser Mann an: »Sie können Ihren Hammer behalten, Sie Rüpel!«

27 Zitiert nach Josef Werle (Hg.): *Epikur für Zeitgenossen. Ein Lesebuch zur Philosophie des Glücks*, München 2000, S. 299.

28 Vgl. Seneca, a. a. O., S. 20.

29 Immanuel Kant: *Die Metaphysik der Sitten*, Tugendlehre, § 12, in *Werke in sechs Bänden*, hg. von Wilhelm Weischedel, Darmstadt 1983, Bd. IV, S. 572.

30 Im April 2013 verstarb die sogenannte »Eiserne Lady« Margaret Thatcher, Expremierministerin von Großbritannien. Im Verbund mit dem damaligen US-Präsidenten Ronald Reagan machte sie den radikalen Marktliberalismus und die ungehemmte Gier salonfähig. Diese Ikone der Herzlosigkeit hatte als ihr Motto »There is no alternative« ebenso ausgegeben wie die Leugnung von Gemeinsinn und Mitmenschlichkeit schlechthin durch ihren unvergessenen Satz »There is no such thing like ›society‹«. Ungeachtet der Tatsache, dass beide, sowohl Thatcher als auch Reagan, an derselben Krankheit – Alzheimer – litten, wird ihr fataler Beitrag zur Entsolidarisierung der Gesellschaft unvergessen bleiben.

31 Wilhelm Schmid: *Philosophie der Lebenskunst*, Frankfurt a. M. 1998, S. 350.

32 Epikur: *Spruchsammlung,* in Werle (Hg.): *Klassiker der philosophischen Lebenskunst*, a. a. O., S. 39.

33 Joachim Ringelnatz (1883–1934), deutscher Schriftsteller, Kabarettist und Maler.

34 Seneca: *Über die Kürze des Lebens*, a. a. O., S. 211.

35 Vgl. Julia Friedrichs: »Das tollere Ich. Weniger schlafen, produktiver arbeiten, besser leben: Wie Menschen sich mithilfe der Technik selbst optimieren«, in *Die Zeit*, Nr. 33/2013 vom 8. August 2013.

36 C. S. Lewis: Über den Schmerz, Köln/Olten 1954, S. 148.

37 Das Höhlengleichnis findet man in Platons Dialog *Der Staat (Politeia)* im siebten Buch.

38 Friedrich Nietzsche: *Menschliches, Allzumenschliches*, II 192, »Der Wanderer und sein Schatten«, in *Werke in 6* Bänden, hg. von Karl Schlechta, München/Wien 1980, Bd. 2, S. 954. (Rechtschreibung gemäß Original.)

39 Epikur: »Brief an Menoikeus«, a. a. O., S. 177.

40 Jaron Lanier: *Wem gehört die Zukunft? »Du bist nicht der Kunde der Internetkonzerne. Du bist ihr Produkt.«*, Hamburg 2014.

41 Vgl. Hans Blumenberg: *Lebenszeit und Weltzeit*, Frankfurt a.M. 1986, S. 71 f.

42 LOVOS steht für »Lifestyle of voluntary Simplicity« und ist eine konsumkritische Gegenbewegung zu den LOHAS, den Anhängern des »Lifestyle of Health and Sustainability«, der »verantwortungsvollen Konsum« propagiert, also etwa Bäume zu pflanzen oder einen finanziellen Ausgleich für den CO_2-Ausstoß zu leisten oder nur Waren aus »fairem Handel« zu kaufen und so weiter, was zwar das Gewissen beruhigt, aber nicht unbedingt sicherstellt, dass der Schaden, der durch den Konsum angerichtet wird, auch dort wiedergutgemacht wird, wo er entsteht, sofern das überhaupt möglich ist.

43 Epiktet: *Handbüchlein der Moral*, Kapitel 15, in Werle (Hg.): *Klassiker der philosophischen Lebenskunst*, a.a.O., S. 111.

44 Gerd Achenbach: *Das kleine Buch der inneren Ruhe*, Freiburg 2010.

45 Wilhelm Busch: *Die fromme Helene – Versuchung und Ende*, in *Gesamtwerk in sechs Bänden*, 3. Bd., S. 105.

46 Epikur: »Brief an Menoikeus«, a.a.O., S. 175.

47 Albert Camus: *Der Mythos von Sisyphos*, Reinbek 1982, S. 9.

48 Ebenda, S. 100.

49 Vgl. Friedrich Nietzsche: *Götzen-Dämmerung, Sprüche und Pfeile*, 12, in *Werke in 6* Bänden, a.a.O., Bd. IV, S. 944. Im Original heißt es: »Hat man sein *warum?* des Lebens, so verträgt man sich fast mit jedem *wie?*. Der Mensch strebt nicht nach Glück; nur der Engländer tut das.«

50 *Wilhelm Tell*, IV. Aufzug, 3. Szene – meist wird es zitiert »... nicht in Frieden leben …« Hier zitiert nach dem Original.

51 Vgl. Immanuel Kant: »Idee zu einer allgemeinen Geschichte in weltbürgerlicher Absicht«, *Berlinische Monatsschrift*, November 1784, S. 385–411, hier: Vierter Satz, in Kant: *Werke*, Bd. 6, a. a. O., S. 37 f.

52 Hans Krailsheimer: *Kein Ausweg ist auch einer. Aphorismen*, München 1954, S. 7.

53 Wilhelm Schmid: *Mit sich selbst befreundet sein*, Frankfurt a. M. 2004.

54 Vgl. Jörg Bopp: »Neidisch, träge, grob und gierig«, in: *Freundschaft. Das Band, das hält, wenn alle Stricke reißen. Publik Forum Extra* 4/2007, S. 6 ff.

55 Vgl. Epikur: *Aphorismen und Fragmente*, in Werle (Hg.): *Epikur für Zeitgenossen*, a. a. O., S. 28.

56 Ebenda.

57 Aristoteles: *Nikomachische Ethik*, a. a. O.

58 Ebenda, S. 214.

59 Sándor Márai: *Die Glut*, aus dem Ungarischen und mit einem Nachwort von Christina Viragh, München/Zürich 2000, S. 65.

60 Vgl. etwa Montaigne in seinem Essay über die Freundschaft: »Was nun die unzüchtige Freundesliebe der Griechen betrifft, gilt sie nach unserer *Sitte zu Recht als abscheulich«* (*Essais*, a. a. O., S. 100). Allerdings relativiert er diese Abscheu zugleich durch eine Bemerkung, die deutlich macht, weshalb er diese scharfe Trennlinie zieht: weil sie nämlich auf Abhängigkeit und Ungleichheit, nicht auf der Liebe zum Freund um seiner selbst willen beruht: *»Davon abgesehen entsprach auch sie nicht hinlänglich der von uns hier geforderten Übereinstimmung und Seelenharmonie, da bei ihr* so, wie sie ausgeübt wurde, *notgedrungen Altersunterschiede und ungleich aufgeteilte Dienste eine Rolle spielten. Denn worin besteht diese Freundesliebe? Warum liebt man weder einen häßlichen Jüngling noch einen schönen Greis?«* (Ebenda, Hervorhebung vom Verf.) Bemerkenswert ist hierbei auch, dass er sich nicht auf die übliche

christliche Verdammung und Verfolgung der Homosexualität beruft, sondern allein von »Abscheu« spricht, es quasi als eine Geschmacksfrage behandelt, wie man dazu steht.

61 Vgl. Harald Lemke: *Freundschaft. Ein philosophischer Essay*, Darmstadt 2005, S. 19f.

62 Arthur Schopenhauer: *Aphorismen zur Lebensweisheit*, in *Sämtliche Werke*, hg. von Wolfgang Frhr. von Löhneysen, Darmstadt 1980, Bd. IV, S. 549.

63 Ebenda, S. 547.

64 Elisabeth von Thadden: »O Freunde, gibt es keine Freunde?«, Rezension in *Die Zeit* Nr. 24/2000 vom 8. Juni 2000.

65 Aristoteles: *Nikomachische Ethik*, a.a.O., S. 221.

66 Schopenhauer, a.a.O., S. 548.

67 Adolf Freiherr von Knigge: »Über den Umgang mit Freunden«, in Klaus-Dieter Eichler (Hg.): *Philosophie der Freundschaft*, Leipzig 1999, S. 118–126.

68 Epikur: »Hauptlehren«, 27, zitiert nach Hossenfelder, a.a.O., S. 279.

69 Aristoteles: *Eudemische Ethik*, 1245b, übersetzt und kommentiert von Franz Dirlmeier, Darmstadt 1979, S. 94.

70 Montaigne: *Essais*, a.a.O., S. 102.

71 Ebenda, S. 99.

72 Schopenhauer, a.a.O., S. 547.

73 Ludwig Wittgenstein: *Tractatus logico-philosophicus. Logisch-philosophische Abhandlung*, Frankfurt a.M. 1985, S. 114 (Hervorhebung im Original).

74 Ebenda, S. 115.

75 Vgl. ebenda, S. 89.

76 Tiberius Sempronius Gracchus (168–133 v.Chr.) war ein römischer Politiker. Als Volkstribun wollte er eine weitreichende Boden- und Agrarreform durchsetzen, scheiterte aber am Widerstand des konservativen Senats und wurde samt seinen Anhängern ermordet.

77 Montaigne: *Essais*, a.a.O., S. 102.

78 Richard David Precht: *Wer bin ich und wenn ja, wie viele?*, München 2007.

79 Augustinus Aurelius: *Bekenntnisse (lat.-dt.)*, eingeleitet, übersetzt und erläutert von Joseph Bernhart, Darmstadt 1984, Viertes Buch, Kapitel 4, 9.

80 Schopenhauer, a.a.O., S. 514.

81 Seneca: *Über den Zorn, Drittes Buch*, Kap. XXX, 3, in *Philosophische Schriften,* a.a.O., Bd. 1, S. 289.

82 Montaigne: *Essais*, a.a.O., S. 509.

83 André Gide (1869–1951), französischer Schriftsteller.

84 Die dieser Verballhornung zugrundeliegende lateinische Sentenz lautet *Vox populi vox dei* und meint »Volkes Stimme (ist) Gottes Stimme«, um das Gewicht der öffentlichen Meinung zu betonen. Meist wird das Zitat Franz Josef Strauß zugeordnet, tatsächlich aber stammt es von dem deutschnationalen Abgeordneten Elard von Oldenburg-Januschau, der sich seinerseits auf Friedrich von Wrangel berief.

85 Sextus Empiricus: *Grundriss der pyrrhonischen Skepsis*, zitiert nach Hossenfelder, a.a.O., S. 309.

86 Robert Pfaller: *Wofür es sich zu leben lohnt. Elemente materialistischer Philosophie*, Frankfurt a.M. [3]2011, S. 90f.

87 Vgl. Sarah Bakewell: *Wie soll ich leben? oder Das Leben Montaignes in einer Frage und zwanzig Antworten*, München 2012, S. 145.

88 *»Wir kannten nicht sein unerhörtes Haupt/darin die Augenäpfel reiften. Aber/sein Torso glüht noch wie ein Kandelaber,/in dem sein Schauen, zwar zurückgeschraubt, – sich hält und glänzt. Sonst könnte nicht der Bug/der Brust dich blenden, und im leisen Drehen/der Lenden könnte nicht ein Lächeln gehen/zu jener Mitte, die die Zeugung trug. – Sonst stünde dieser Stein entstellt und kurz/unter der Schultern durchsichtigem Sturz/und flimmerte nicht so wie Raubtierfelle – und*

bräche nicht aus allen seinen Rändern/aus wie ein Stern: denn da ist keine Stelle,/die dich nicht sieht. Du mußt dein Leben ändern.« Rainer Maria Rilke: *Der neuen Gedichte anderer Teil*, in *Werke in sechs Bänden*, Frankfurt a.M. 1986, Bd. I, 2, S. 313.

89 Die Diskussion wurde auf Leserbriefseiten und mit Artikeln von »Fachphilosophen« zum Beispiel in der *Zeit*, im *Spiegel* und in der *Frankfurter Allgemeinen Zeitung* geführt. Online findet man sie noch in den Archiven der entsprechenden Medien.

90 Pisa-Tests und europäische Hochschulreform (»Bologna-Prozess«) sind die beiden herausragenden Beispiele für diese Ökonomisierung, die letztlich zulasten von Bildung überhaupt geht. Wo Messbarkeit und Vergleichbarkeit von Ergebnissen und Zeugnissen zum alleinigen Kriterium dafür genommen werden, ob Bildungsziele erreicht wurden, dort erübrigt sich jede Frage danach, ob die Protagonisten dieser Reformen das Wesen von Bildung überhaupt begriffen haben. Wahrscheinlich war den Initiatoren des »Bologna-Prozesses« noch nicht einmal bewusst, dass diese Stadt als Wiege der europäischen Universität gilt. Die Begründung der Universität als Institution, in der Lehrende und Lernende sich außerhalb von beziehungsweise neben Kloster- und Domschulen zu einer freien Bildungsgesellschaft mit eigenem Recht und eigener Souveränität vereinigten, gilt als klassische europäische Schöpfung. Es ist ein weiteres Armutszeugnis für Geschichtsvergessenheit, dass diese Institution letztlich rein ökonomischen Zweckinteressen geopfert wurde.

91 Hermann Simon: *Geistreiches für Manager*, Frankfurt a.M. 2000, S. 252.

92 Montaigne: *Essais*, a.a.O., S. 561.

93 Georg Christoph Lichtenberg: *Aphorismen*, zitiert nach Werle (Hg.): *Klassiker der philosophischen Lebenskunst*, a.a.O., S. 431.

94 Vgl. hierzu Pfaller: *Wofür es sich zu leben lohnt*, a.a.O., S. 156.

95 Vgl. ebenda, S. 157. Mit Hinweis auf den Kirchenvater Tertullian (circa 160–220).

96 Vgl. Schmid: *Mit sich selbst befreundet sein*, a.a.O., S. 47ff.

97 Friedrich Schiller: *Über die ästhetische Erziehung des Menschen in einer Reihe von Briefen*, in *Sämtliche Werke in 5 Bänden*, a.a.O., Bd. 5, S. 618.

98 Das »ästhetische Spiel« bezieht sich in erster Linie auf das eigene Gestalten des Menschen und damit auf kunstvolle Formen wie bildende Kunst, Theater, Tanz oder Musik, die außer dem »Spielenden« selbst nichts zum Ausdruck bringen. Das gilt auch mit Einschränkungen für das sportliche Spiel. Hier geht es um den »rechten Augenblick«, die Kreativität, die Geschicklichkeit und noch einige weitere Merkmale, die das Spielerische ausmachen. Wilhelm Schmid hat dies exemplarisch am Fußballspiel gezeigt. Vgl. *Mit sich selbst befreundet sein*, a.a.O., S. 54ff. – Ein Wort zum Computerspiel. Grundsätzlich gilt natürlich das Gleiche auch da. Und sofern hier die Unterscheidung zwischen »ästhetischem« und »bloßem« Spiel zum Tragen kommt, handelt es sich lediglich um eine Variante. Ausgeschlossen ist das »ästhetische Spiel« auch in seiner elektronischen Form nicht, sofern es die Kreativität des Spielenden nicht einschränkt, sondern fordert. Da die meisten Spiele jedoch gerade eine eigenständige Kreativität nicht nur nicht befördern, sondern eher hindern beziehungsweise sie in gewünschte Bahnen lenken, werden die weitaus meisten zum bloßen »Zeitvertreib«, also zum »bloßen Spiel« zu rechnen sein.

99 Walter Benjamin: *Das Passagen-Werk. Pariser Passagen I, Erste Notizen*, in *Gesammelte Schriften*, Bd. 5, 2, Frankfurt a.M. 1982, S. 1034.

100 Übersetzung: *Lasse dich fallen. – Lerne, Schnecken zu beobachten. – Pflanze unmögliche Gärten. – Mache*

kleine Zeichen, die »ja« sagen, und verteile sie überall in deinem Haus. – Werde ein Freund von Freiheit und Unsicherheit. – Freue dich auf Träume. – Weine bei Kinofilmen. – Schaukle, so hoch du kannst, mit einer Schaukel bei Mondlicht. – Pflege verschiedene Stimmungen. – Verweigere dich, »verantwortlich« zu sein. Tue es aus Liebe. – Mache eine Menge Nickerchen. – Gib weiter Geld aus. – Mache es jetzt. – Das Geld wird folgen. – Glaube an Zauberei. – Lache eine Menge. – Bade im Mondlicht. – Träume wilde, phantastische Träume. – Zeichne auf die Wände. – Lies jeden Tag. – Stell dir vor, du wärst verzaubert. – Kichere mit Kindern. – Höre alten Leuten zu. – Öffne dich. – Tauche ein. – Sei frei. – Preise dich selbst. – Lass die Angst fallen. – Spiele mit allem. – Unterhalte das Kind in dir. – Du bist unschuldig. – Baue eine Burg aus Decken. – Werde nass. – Umarme Bäume. – Schreibe Liebesbriefe … – und ich sage: Tanze so viel wie möglich!« Vollständiger Originaltext und Übersetzung: http://suthoughtsontravel.wordpress.com/gedichtsammlung/how-to-be-an-artist-by-joseph-beuys/. Der deutsche Text wird häufig Joseph Beuys zugeschrieben, was aber – ebenso wie eine falsche Übersetzung von *snails* mit »Schlangen« statt »Schnecken« – auf dieser Homepage korrigiert wird.

101 *Deutsch-Verzeichnis* Nr. D547, zitiert nach http://de.wikipedia.org/wiki/An_die_Musik.

102 Rainer Maria Rilke: *Duineser Elegien*, Die erste Elegie, in *Werke in sechs Bänden*, a. a. O., Bd. I, 2, S. 441.

103 Ebenda.

104 Tom Hodgkinson: *Anleitung zum Müßiggang*, München 2007; ders.: *Die Kunst, frei zu sein*, München 2009.

105 Schiller: *Sämtliche Werke in 5 Bänden*, a. a. O., Bd. 1, S. 242.

106 Goethe: *Faust. Der Tragödie erster Teil*, Vers 1342, in *Werke*, a. a. O.

107 Vgl. Robert Pfaller, *Das schmutzige Heilige und die reine Vernunft. Symptome der Gegenwartskultur*, Frankfurt a.M. 2008, S. 222f.

108 Walter Benjamin: »Frische Feigen«, in *Denkbilder – Essen*, Frankfurt a.M. 1982, Bd. IV, 1, S. 374.

109 Ebenda.

110 Teresa von Ávila zugeschrieben, auch Winston Churchill.

111 Pfaller: *Das schmutzige Heilige und die reine Vernunft*, a.a.O.

112 *»Arm an Beutel, krank am Herzen/schleppt' ich meine langen Tage./Armut ist die größte Plage,/Reichtum ist das höchste Gut./Und, zu enden meine Schmerzen/ging ich, einen Schatz zu graben./Meine Seele sollst du haben!/Schrieb ich hin mit eignem Blut. – Und so zog ich Kreis um Kreise,/stellte wunderbare Flammen/Kraut und Knochenwerk zusammen:/Die Beschwörung war vollbracht./Und auf die gelernte Weise/grub ich nach dem alten Schatze/auf dem angezeigten Platze;/schwarz und stürmisch war die Nacht. – Und ich sah ein Licht von weiten./und es kam gleich einem Sterne/hinten aus der fernsten Ferne,/eben als es zwölfe schlug./Und da galt kein Vorbereiten:/Heller ward's mit einem Male/von dem Glanz der vollen Schale,/die ein schöner Knabe trug. – Holde Augen sah ich blinken/unter einem Blumenkranze;/in des Trankes Himmelsglanze/trat er in den Kreis hinein./Und er hieß mich freundlich trinken,/und ich dacht': Es kann der Knabe/mit der schönen lichten Gabe/Wahrlich! nicht der Böse sein. – Trinke Mut des reinen Lebens!/Dann verstehst du die Belehrung,/kommst in ängstlicher Beschwörung/nicht zurück an diesen Ort./Grabe hier nicht mehr vergebens!/Tages Arbeit, abends Gäste!/Saure Wochen, frohe Feste!/sei dein künftig Zauberwort.«* Goethe: *Gedichte*, in *Werke*, a.a.O., Bd. 1, S. 117.

113 Blixen, Tania (Karen): *Babettes Fest*, Zürich 2003.

114 Friedrich Schiller: *Resignation*, in *Werke*, a. a. O., Bd. 1, S. 13 f.

115 »Der breite und der schmale Weg«: ein im Pietismus beliebtes Motiv nach einem Vers der Bergpredigt (Mt 7, 13 f.), hier nach der Vorstellung der Diakonisse Charlotte Reihlen (1805–1868) realisiert von dem zeitgenössischen Künstler Paul Beckmann (im Original ursprünglich noch mit dem »Auge der Vorsehung«), 1866. Es wurde vor allem in Holland und in London bei der Missionsarbeit eingesetzt und fand in vielen pietistischen Haushalten Verbreitung.

116 Romano Guardini: *Thule oder Hellas? Klassische oder deutsche Bildung* (1920), in *Angefochtene Zuversicht. Romano-Guardini-Lesebuch*, ausgewählt von Ingeborg Klimmer, Mainz 1985, S. 206.

117 Günter Grass: »Europas Schande«, erschienen in der *Süddeutschen Zeitung* vom 26. Mai 2012 vgl. http://www.sueddeutsche.de/kultur/gedicht-von-guenter-grass-zur-griechenland-krise-europas-schande-1.1366941

118 Peter Peter: *Kulturgeschichte der deutschen Küche*, München 2009, S. 67 ff.

119 Goethe: *Wilhelm Meisters Lehrjahre*, zweiter Band, drittes Buch, in *Werke*, a. a. O.

120 Goethe: *Faust. Der Tragödie erster Teil,* Zeile 1112 ff., in *Werke*, a. a. O.

121 Montaigne: *Essais*, a. a. O., S. 559.

122 Vgl. Pfaller: *Das schmutzige Heilige ...*, a. a. O., S. 16 f.

123 Ebenda, S. 149.

124 Goethe: *Götz von Berlichingen*, 1. Akt, Herberge im Wald, in *Werke*, a. a. O.

125 Goethe: *West-östlicher Divan, Das Schenkenbuch*, in *Werke*, a. a. O., Bd. 1, S. 379.

126 Montaigne: *Essais*, a. a O.

127 Seneca: *Über die Seelenruhe*, a. a O., S. 169.

128 Vgl. hierzu auch Pfaller: *Das schmutzige Heilige ...*, a. a. O., S. 224, mit Hinweis auf Georges Bataille.

129 Étienne de La Boétie: *Von der freiwilligen Knechtschaft*, unter Mitwirkung von Neithard Bulst übersetzt und hg. von Horst Günther, Frankfurt a.M. 1980, S. 45.

130 Montaigne: *Essais*, a.a.O., S. 48.

131 Seneca, a.a.O., S. 171. Liber ist ein altitalischer Wein- und Fruchtbarkeitsgott, der später mit Dionysos beziehungsweise Bacchus zu einer Einheit verschmolz. Sein Fest war am 17. März.

132 Wilhelm Busch: *Kritik des Herzens*, in *Gesamtwerk in sechs Bänden*, a.a.O., Bd. 6, S. 80f.

133 In der überarbeiteten deutschen Ausgabe von Astrid Lindgrens Kinderklassiker *Pippi in Taka-Tuka-Land* wird Ephraim Langstrumpf zum »Südseekönig«.

134 Vgl. Pfaller: *Wofür es sich zu leben lohnt*, a.a.O., S. 101ff.

135 Vgl. Robert Pfaller: *Zweite Welten und andere Lebenselixiere*, Frankfurt a.M., 2012, S. 97ff. Mit Bezug auf den Psychoanalytiker Octave Mannoni, der diese Formel der Verleugnung für das gleichzeitige Bestehen eines bestimmten Wissens und eine diesem Wissen entgegenstehende Illusion geprägt hat.

136 Wilhelm Busch: *Die fromme Helene – Des Onkels Nachthemd*, in *Gesamtwerk in sechs Bänden*, a.a.O., Bd. 3, S. 10.

137 Wilhelm Busch: *Die fromme Helene – Löbliche Tätigkeit*, in *Gesamtwerk in sechs Bänden*, a.a.O., Bd. 3, S. 77.

138 Goethe: *West-östlicher Divan, Schenkenbuch*, in *Werke*, a.a.O.

139 Pfaller: *Wofür es sich zu leben lohnt*, a.a.O., S. 22.

140 Die Regel ist hier etwas abgewandelt – eigentlich ist sie nur auf (französischen) Wein gemünzt und lautet: »Beim Bordeaux denkt man Dummheiten, beim Burgunder sagt man Dummheiten, beim Champagner macht man Dummheiten.«

141 Vgl. Pfaller: *Wofür es sich zu leben lohnt*, a.a.O., S. 21.

142 Montaigne: *Essais*, a.a.O., S. 560.

143 Theodor Heuss: »Wilhelm Busch – Und die Moral von der Geschicht'«, in Rolf Hochhuth (Hg.): *Dideldum*, Bd. 1, S. 800, zitiert nach http://de.wikipedia.org/wiki/Wilhelm_Busch.

144 Wilhelm Busch: *Kritik des Herzens*, in *Gesamtwerk*, a. a. O., Bd. 6, S. 82.

145 Blixen, a. a. O., S. 62 f.

146 Augustinus von Hippo (354–430): *cor curvatum se ipsum.*

147 Blixen, a. a. O., S. 76 f.

148 Friedrich Schiller: *Resignation*, in *Werke*, a. a. O., Bd. 1, S. 13 f.

149 Dem Dichter Christoph Martin Wieland (1733–1813) gegenüber im Jahr 1811.

150 Epikur: »Brief an Menoikeus«, a. a. O., S. 173.